Gebrauchsanwei
für Argentinien

Christian Thiele

Gebrauchsanweisung für Argentinien

Piper München Zürich

Mehr über unsere Autoren und Bücher:
www.piper.de

ISBN 978-3-492-27582-8
4. Auflage 2014
© Piper Verlag GmbH, München 2010
Karte: cartomedia, Karlsruhe
FSC-Papier: Munken Premium von Arctic Paper
Munkedals AB, Schweden
Satz: le-tex publishing services GmbH, Leipzig
Druck und Bindung: CPI books GmbH, Leck
Printed in Germany

»Aunque he nacido en el corazón de la Argentina y he
vivido casi toda la vida allí, cada vez que la visito, cinco a
seis veces por año, la entiendo menos.«

»Auch wenn ich im Herzen Argentiniens geboren bin und
dort fast mein ganzes Leben gelebt habe – jedes Mal, wenn
ich das Land besuche, fünf- oder sechsmal pro Jahr, verstehe
ich es weniger.«

Tomás Eloy Martínez

»Al mundo le falta un tornillo,
que venga un mecánico
pa' ver si lo puede arreglar.«

»Der Welt fehlt eine Schraube
Soll doch ein Handwerker kommen
und sehen, dass er sie repariert bekommt.«

Enrique Cadícamo, Tango von 1933,
bekannt geworden durch Carlos Gardel

Inhalt

Vorwort	**9**
Eine Liebe auf den anderthalbten Blick	**12**
Eine Stadt und ihr Land	**15**
Allein unter Menschen: In den Cafés von Buenos Aires	**28**
Ein getanzter, trauriger Gedanke	**32**
Vergangenheit, die nicht vergehen will – die Militärdiktatur	**48**
Für jeden Fall ein Heiliger: Argentinien und seine *santos populares*	**60**
Tricksen, Lügen, Hochstapeln: Der Argentinier und sein Nationalspiel – *Truco*	**72**
Argentinische Ortsbesichtigungen – von Iguazú bis kurz vor den Südpol	**76**
Wenn's die Liebe eilig hat – *el telo*	**106**
GrößtesSchlimmstesBestesMeistes: Die Argentinier und der Superlativ	**109**

Der populärste, schönste, argentinischste
aller Guerillakämpfer: Ernesto »Ey« Guevara 113
Outlaw der Pampa – der Archetypus
des Gaucho 125
Vegetarier sind zum Essen da:
Der Argentinier und das Fleisch 129
Die zwei schlimmsten Getränke des
Planeten: Mate und »Fernet Coca« 139
Eine Weltmacht im Konjunktiv:
Argentiniens Wirtschaft 147
Die ewige Evita: Wie in Argentinien
Politik gemacht wird 156
»Sohn einer verdammten Hure« –
und andere Nettigkeiten 172
Der Obelisk, fast die Atombombe
und jedes Jahr die »Toten Hosen«:
Die Deutschen in Argentinien 175
Die wichtigste Hauptsache der Welt:
Argentinien und der Fußball 185
Argentinien im Jahr 2050 205
Zum Lesen und Schauen 207
Dank 211

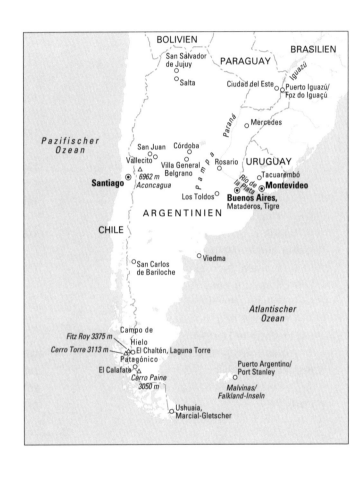

Vorwort

Wenn Sie, verehrte Leserin und verehrter Leser, verwundert feststellen, dass
- Sie an der Uni zwölf Semester Spanisch studiert haben und jetzt einen Übersetzer brauchen, um ein Busticket zu kaufen;
- die Menschen um Sie herum mit einer Thermoskanne unter dem Ellenbogen und einem Matebecher in der Hand auf die Welt gekommen zu sein scheinen;
- Einheimische, die Ihnen bis vor fünf Minuten unbekannt waren, Sie als *hermano* (»Bruder«) oder *amigo* (»mein Freund«) oder *querido* (»mein Lieber«) anreden;
- der Straßenverkehr Ihnen vorkommt wie Bürgerkrieg auf vier Rädern;
- Sie vor einem Grillrost stehen, auf dem eine halbe tote Kuh geröstet wird, und der Gastgeber sagt: »Ich weiß nicht, ob das für uns beide reicht«;
- sich die Fußgänger und Taxifahrer beim Passieren einer Kirche oder eines Straßenaltares bekreuzigen – und gleichzeitig über »diesen Hurensohn von Präsidenten, diesen

arschfickenden River-Verteidiger oder die Fotze deiner Schwester« sprechen, als wären dies Liebkosungen;

- das ganze Land einer Gruppe von Inseln hinterherzutrauern scheint, die knapp vor dem Südpol liegen und außer Schafscheiße nicht viel zu bieten haben;
- morgens, mittags und nachts, im Joghurt, auf dem Brot, im Kuchen, im Marmeladenglas *dulce de leche* serviert wird;
- in der gesprochenen Rede auf jedes normale Wort dreimal *dale* (»auf geht's«), viermal *che* (»ey«) und sechzehnmal *boludo* (»Schwachkopf«) kommen;
- ein einheimischer Bekannter Ihnen am Handy mitteilt: »Ich bin nur fünf Straßenblöcke von dir entfernt« – und Sie nach anderthalb Stunden immer noch warten;
- die Menschen um Sie herum nicht bei Ihren Vornamen, sondern immer nur »Dicke«, »Dünner«, »Zwergin«, »Glatzkopf«, »Türke« oder »Neger« gerufen werden;
- Sie bei Einheimischen zum Abendessen eingeladen sind und um Mitternacht die Vorspeise abgeräumt und so langsam der Hauptgang aufgetragen wird;
- Sie beim Abspielen der Nationalhymne nur stumme Lippenbewegungen verfolgen und keiner der um Sie Herumstehenden weiß, wie der Text geht;
- in einer Woche der Staatspräsident fünfmal einen anderen Namen trägt und ein anderes Gesicht hat;
- die Einheimischen Sie entgeistert anschauen, sobald Sie sagen, wie gut es Ihnen doch in Lateinamerika gefalle, dann sind Sie, verehrte Leserinnen und Leser, in Argentinien.

Das ist nicht schlimm, kein Grund zur Panik, das ist schon vielen vor Ihnen passiert und wird anderen nach Ihnen passieren. Was Sie in solchen Fällen tun können und vor allem warum das alles so ist – das wissen Sie hoffentlich nach Lektüre dieses Buches.

Wenn Sie dieses Land allerdings ausgiebig bereist haben, wenn Sie Freundschaften oder gar Liebschaften mit Einheimischen geschlossen haben, wenn Sie Bücher über Argentinien gelesen und Filme gesehen haben, wenn Sie also kurzum das Gefühl haben, das Land gut zu kennen, aber Sie gleichzeitig das Gefühl haben, je mehr Sie über Argentinien wissen, desto weniger begreifen Sie das Land – dann, aber auch wirklich erst dann haben Sie Argentinien verstanden.

Dann allerdings sollten Sie die Finger von diesem Buch lassen. Es wird Ihnen auch nicht weiterhelfen.

Eine Liebe auf den anderthalbten Blick

Maradona, Tango, Militärdiktatur: Das war so ziemlich alles, was ich von Argentinien wusste, als ich im Oktober 2005 in Buenos Aires aufschlug. Ich wusste so ungefähr, auf welchen Kontinent ich musste, ich konnte *gracias* sagen – das war's aber auch schon. Ich hatte, kurzum, nicht die geringste Ahnung von Argentinien und den Argentiniern.

Meine damalige Freundin war nach Buenos Aires versetzt worden, und so ging ich eben mit. Und bereiste in den folgenden Jahren als Journalist das Land, von oben nach unten und von links nach rechts. Und ich muss gestehen: Eine Liebe auf den allerersten Blick war es nicht.

Wenn man – so wie ich damals – Lateinamerika nicht kennt und vorwiegend in europäischen und nordamerikanischen Großstädten unterwegs war, dann kommt einem Buenos Aires nicht unbedingt wie ein »südamerikanisches Paris« vor. Sondern wie ein lauter, dreckiger, fieser Moloch.

Wenn man – so wie ich damals – kein Spanisch spricht, dann kann man die vermeintliche Witzigkeit und Ironie der Argentinier erst mal nicht wirklich selber einschätzen.

Wenn man dann auch noch – und jetzt wird die Sache brenzlig, liebe argentinischen Freunde! – seine Steaks am liebsten mit einem feinen Pfeffersößchen hier und etwas Gemüsebeilage dort zu bestellen pflegt, dann wundert man sich erst mal, warum die tote Kuh hier besser schmecken soll als überall anders auf der Welt.

Mir war so viel vorgeschwärmt worden vom Land und seinen Bewohnern, die Erwartungen waren so hoch, dass ich von Argentinien zunächst enttäuscht war. Es hielt auf den ersten Blick nicht, was es mir versprochen hatte.

Doch mit jedem spanischen Wort, das mir Inda und Fernanda beibrachten; mit jeder Fußballnacht (immer montags) und jeder Diskussionsnacht (immer donnerstags), die ich mir auf Einladung von Matías um die Ohren schlug; mit jedem Asado, zu dem ich eingeladen war; mit jeder neuen Ecke von Buenos Aires, die ich kennenlernte; und mit jeder Reise ins Landesinnere, die ich machte; mit jedem Eis, das ich aß; mit jedem Taxifahrer, der mir in fünf Minuten das argentinische Drama im Speziellen und die Welt im Allgemeinen zu erklären vermochte; mit jedem Matetee, der mir angeboten wurde; mit jedem Film, den ich sah; mit jedem Buch, das ich las; kurzum, mit jedem Atemzug, den ich in Argentinien und/oder in Gegenwart von Argentiniern tat, zog mich dieses Land immer mehr in seinen Bann.

Das mag pathetisch klingen und kitschig.

Aber Pathos und Melodrama sind die einzig angemessenen Gefühlslagen gegenüber diesem Land. Von diesem Land kommt man nicht mehr los. Das so weit weg ist von allem und doch so nah dran. Dem Land, das den Tango erfunden, das so viele Reize und so viel Potenzial zu bieten und doch so finstere Abstürze zu erleiden und erdulden gelernt hat. Und das wegen alledem und trotz alledem so freundlich und so aufmerksam einem Ahnungslosen wie mir seine Arme geöffnet hat. Sodass ich der stolzeste Mensch auf Erden war, als mich in meinem zweiten Jahr in Argentinien, kurz vor meiner Rückkehr nach Deutschland, wohl aufgrund meines Akzentes ein Spanier fragte: »Y entonces, eres Argentino?«, »Und, du bist also Argentinier?«

Ich antwortete ihm, stolz, gerührt, und im breitesten Akzent der Porteños, dass ich, ja, auf gewisse Weise Argentinier sei. Und dass ich nur jedem empfehlen könne, es zu werden und für immer zu bleiben.

Eine Stadt und ihr Land

>»A mí se me hace cuento que empezó Buenos
>   Aires:
>la juzgo tan eterna como el agua y el aire.«
>(Ich halte es für ein Märchen, dass Buenos Aires
>   einst begann:
>Ich finde es so ewig wie das Wasser und die Luft.)
>*Jorge Luis Borges, Fundación mítica de Buenos Aires*

Der Mexikaner, sagt man in Argentinien gerne, stammt von den Azteken ab; der Peruaner stammt von den Inkas ab; und der Argentinier, der stammt von den Booten ab. Dieser Spruch ist nicht nur ein Spruch, er enthält viel Wahres. Und er verrät in seiner Ironie einiges über die argentinische Selbstwahrnehmung. Davon wird im Laufe dieses Buches die Rede sein. Aber er erklärt auch, warum der Bewohner von Buenos Aires von sich als *porteño* spricht, als »Hafenbewohner« (von spanisch *puerto*, »Hafen«).

Aus Sicht der Porteños jedenfalls, und die ist erst mal maßgeblich, setzt sich Argentinien aus drei Teilen zusammen, und

zwar drei sehr unterschiedlich wichtigen Teilen: aus *capital*, der
Hauptstadt Buenos Aires (ziemlich wichtig); aus dem *conur-
bano*, dem Speckgürtel (ziemlich unwichtig); und aus *la provincia*, der Provinz (völlig unwichtig).

Gott hat seine Sprechzeiten in Buenos Aires

Argentinien ist fast achtmal so groß und hat etwa halb so viele
Einwohner wie Deutschland. Es streckt sich vom 22. bis zum
55. Grad südlicher Breite – auf die Nordhalbkugel übertragen, wäre das von Moskau bis Dschidda am Roten Meer –
und vom 54. bis zum 73. Grad westlicher Länge, das wäre etwa
von Paris bis nach Warschau.

Aber von den rund 40 Millionen Argentiniern leben fast
13 Millionen im Großraum Buenos Aires – damit ist die argentinische Hauptstadt nach Mexiko und São Paulo die drittgrößte Megacity in Lateinamerika. Die großen Theater, das
höchste Gericht, die wichtigsten Zeitungen, die besten Fuß-
ballclubs, die besten Universitäten: alles in Buenos Aires. Für
die Radiomoderatoren im ganzen Land – behauptet man zumindest im ganzen Land – ist der Akzent der Hauptstadt ver-
pflichtend. Wer in Ushuaia im Café sitzt, also ganz im Süden
von Feuerland, 3080 Kilometer von Buenos Aires entfernt,
der sieht auf dem Fernseher die Staumeldungen für – *la capital
federal*, die Hauptstadt. Genauso wie der, der in San Salvador
de Jujuy sitzt – 1500 Kilometer weiter nördlich. Und wenn er
dort die Zeitung aufschlägt, liest er, dass auf der Avenida Corrientes im Herzen von Buenos Aires mal wieder einer schwe-
dischen Touristin die Handtasche abgenommen wurde. Das ist
in etwa so, als würde man im norwegischen Hammerfest die
Blitzerwarnung für Neapel mitgeteilt bekommen.

Wer es einmal oder wessen Familie es einmal in die Hauptstadt geschafft hat, der zieht nicht nach Rosario oder nach

Córdoba, die beiden zweitgrößten Städte, oder gar sonst woandershin, um zu studieren oder um einen Job zu finden. Er bleibt in Buenos Aires. Im Vergleich zu Argentinien ist das zentralistische Frankreich ein föderalistischer Flickenteppich.

Dass politische Karrieren bisweilen in der Provinz gemacht werden, widerspricht dieser Feststellung nicht, im Gegenteil: Es bestätigt sie. Carlos Menem, der spätere Staatspräsident, konnte nur in seiner Provinz La Rioja als Gouverneur groß werden, weil sie so weitab vom Schuss war. Auch Néstor und Christína Kirchner, seine Nachnachnachnachnachnach- und Nachnachnachnachnachnachnachfolger im *Casa Rosada*, dem rosa Präsidentenpalast, bastelten sich ihre Karrieren im patagonischen Hinterland, ebenfalls weit jenseits des hauptstädtischen Radars.

Der erfolgreiche Estanciero, ob er mit gigantischen Schafherden in Feuerland sein Geld gemacht hat oder mit riesigen Sojafeldern im Nordosten, an der Grenze zu Brasilien, genauso wie der Winzer aus Mendoza ganz im Westen, der seinen Malbec in alle Welt importiert: Sie haben alle ihr Apartment im Barrio Norte in Buenos Aires – schon alleine, damit ihre Gattinnen standesgemäß shoppen und die Sprösslinge auf eine vernünftige Schule gehen können. Von den 20 Fußballvereinen in der höchsten Spielklasse, der *Primera División*, kommen immer alle bis auf eine Handvoll aus dem Großraum Buenos Aires – und nur alle Jubeljahre gewinnen die Newell's Old Boys oder Central aus Rosario oder – noch seltener – die Estudiantes aus La Plata. Ansonsten bleibt der Titel immer schön in der Hauptstadt. Wer als Tourist von den Gletschern in Patagonien zu den Weinbergen von Mendoza will, wer aus der Hochebene Saltas zu den Wasserfällen von Iguazú will, der muss immer über Buenos Aires fliegen.

Kurzum: »Dios está en todas partes, pero atiende en Buenos Aires«, sagen die Argentinier gerne: »Gott ist überall – aber seine Sprechzeiten hat er in Buenos Aires.«

Der Porteño prägt die Wahrnehmung des Argentiniers im Ausland. Die – vergleichsweise – paar argentinischen Touristen aus anderen Landesteilen entschuldigen sich laufend, wenn sie in Bolivien oder Brasilien unterwegs sind, dass sie erstens keine Porteños seien und sie sich zweitens von deren ständigem *Dame-dos*-Geprahle (»Gib mir gleich zwei«) aufs Schärfste distanzieren wollen. Was übrigens meistens nichts bringt, aber das ist ein Thema für sich.

In diesem Buch werden deshalb die Hauptstadt und der Hauptstädter auf gänzlich ungerechte Weise bevorzugt und völlig überdimensioniert dargestellt. Ungerecht gegenüber den vielen interessanten, schönen anderen Flecken und Gebräuchen etc., die Argentinien zu bieten hat. Völlig überdimensioniert im Verhältnis der Hauptstadt zu seinem restlichen Land.

Aber eben – man mag das bedauern – in völligem Einklang mit dem in Argentinien ganz Üblichen.

Die Stadt am Silberfluss: Aus Versehen entdeckt und zweimal gegründet

Wann genau Buenos Aires gegründet wurde? 1535, hieß es lange. Bis Historiker nachwiesen, dass der Stadtgründer, der Spanier Pedro de Mendoza, für das Jahr 1535 ein ziemlich wasserdichtes Alibi hat und sich nicht in Südamerika aufgehalten haben kann. So hat man sich auf 1536 geeinigt, und zwar auf den 3. Februar. Aber ob es wirklich der Tag war und der Monat und wie die sonstigen genaueren Umstände waren, all das liegt im Dunkeln. Dokumente, Gründungsakten gab es nie, oder wenn es sie gab, sind sie verloren gegangen.

Die Entdeckung des Río de la Plata und die Gründung von Buenos Aires, so viel lässt sich allerdings mit ziemlicher Sicherheit sagen, ist eine Geschichte von Pleiten, Pech und Pannen:

Der junge spanisch-portugiesische Juan Díaz de Solís (vermutlich 1470 bis 1516) fühlt sich als junger Seemann der Marine Ihrer portugiesischen Majestät offensichtlich derart unterbezahlt, dass er gemeinsam mit französischen Korsaren ein Schiff der portugiesischen Marine plündert. Um der Todesstrafe zu entgehen, heuert er bei den Spaniern an und sucht nun im Auftrag König Ferdinands nach einem Seeweg über den Süden in den Osten, zu den sagenhaften Ländern Indiens – dort, wo die Gewürze sein sollen, die Seide, das Opium und die Sklaven. Ferdinand hat den erfahrenen Seemann zum *Piloto Mayor de Castilla* und damit zum Nachfolger des verstorbenen Amerigo Vespucci ernannt. Als Admiral der spanischen Entdeckungsflotte bricht er 1515 mit drei Karavellen und 70 Seemännern auf, um eine Verbindung vom Atlantik zum Pazifik zu finden. So stößt Solís mit seinen Männern im Februar 1516 am Zusammenfluss von Río Uruguay und Río Paraná auf eine riesige Süßwasserfläche, den heutigen Río de la Plata, und tauft sie *Mar Dulce*, das »Süße Meer«. Solís glaubt, den sagenhaften Seeweg gefunden zu haben, geht mit Offizieren an Land und wird von kannibalischen Ureinwohnern gefressen – sagen die einen. Diese Geschichte haben die Überlebenden der Crew nur erfunden, um die Meuterei an Bord zu vertuschen – sagen die anderen.

Im spanischen Mutterland wird Legendäres von jenem *Mar Dulce* berichtet, das Solís als erster Nichtamerikaner besegelt hat. Ein venezianischer Entdecker tauft es den *Río de la Plata*, den »Silberfluss«, obwohl der Fluss im Laufe seiner Geschichte wohl nie mehr Silber als ein paar verlorene Besteckteile enthalten hat und seine Farbe auch bei größter Rot-Grün-Schwäche eindeutig als bräunlich beschrieben werden muss. Doch die Portugiesen machen Land in der Neuen Welt, da will sich der spanische König nicht abhängen lassen: Er will Forts, Städte, Sklaven, Reichtümer. Er will in der Gegend jenes sagenhaften Río de la Plata spanische Kolonien gründen lassen. Für 2000

Dukaten pro Jahr heuert Karl V. den Seefahrer Pedro de Mendoza an, verpasst ihm den Rang eines Admirals, gibt ihm ein gutes Dutzend Schiffe und an die 30 Hundertschaften Soldaten. Vermutlich 1536 – angeblich eben an jenem 3. Februar – kommt die Flotte Mendozas an ihrem Ziel an. Aus dem Holz einiger Begleitschiffe lässt Mendoza ein Fort bauen und tauft es auf den Namen *El Puerto de Nuestra Señora María del Buen Aire*, »Der Hafen unserer Frau Maria der guten Lüfte« – das heutige Buenos Aires.

Es wird sich bald herausstellen, dass der Río de la Plata nicht der erträumte Silberfluss ist und dass das Land, wo Milch und Honig fließen, anderswo zu suchen ist. Der Straubinger Landsknecht Ulrich Schmid(e)l zählt zum Expeditionskorps von Mendoza und schreibt später seinen Reisebericht über »Warhafftige Historien einer wunderbaren Schiffart. Welche Ulrich Schmidel von Straubing von anno 1534 biss 1554 in Americam oder Neuwewelt, Bey Brasilia und Rio della Plata gethan«. Darin enthalten ist eine Radierung Schmidls, die das Fort von »Buenas Aeres« zeigt, wohl die erste Darstellung der Stadt. Die Menschen auf diesem Bild fallen übereinander her, den drei Pferdedieben, die am Galgen vor den Mauern des Forts hängen, fehlen die Beine: Aus lauter Hunger hat man sie ihnen weggegessen. Die Spanier, schreibt Schmidl in seinem Expeditionsbericht, aßen sogar das Fleisch ihrer eigenen Brüder, sobald diese gestorben waren.

Mendoza verliert immer mehr Männer an den Hunger und an die Auseinandersetzungen mit den Indios, nach nicht einmal vier Jahren wird das Fort aufgegeben, die europäischen Kolonisten siedeln über nach Asunción im heutigen Paraguay. Das ist näher dran an den tatsächlichen Silberminen im Vizekönigreich Peru.

Doch der Mensch gibt nicht auf, an das zu glauben, woran er glauben will: Die europäischen Kartografen des 16. Jahrhunderts bezeichnen den Río de la Plata auf Lateinisch als

Mare Argenteum und die angrenzenden Landmassen als *Terra Argentea*, als »Silberland«. Daraus wird später einmal das Wort für ein Land – Argentinien.

Und 1580 gründet Juan de Garay die Stadt neu, an fast derselben Stelle, an der einst Mendozas Fort stand. Denn das Vizekönigreich Peru braucht einen Atlantikhafen, um das Silber aus Potosí, im heutigen Bolivien, gen Europa zu verschiffen. Und so verstehen sich die Bewohner von Buenos Aires bis heute als *porteños*, als »Hafenbewohner«.

24 Stunden in Buenos Aires

7 Uhr: Auf dem Mercado de Liniers, dem größten Viehmarkt der Welt, 50 Fußballfelder groß, im Süden von Buenos Aires gelegen, läutet die große Glocke. Die LKWs, die aus dem ganzen Land hergefahren sind und die Nacht über gewartet haben, haben ihre muhende Fracht längst durch die Gatter in die Ställe entlassen. Der Tierarzt hat die Viecher inspiziert und ihnen in die Mäuler und zwischen die Klauen geschaut. Mit dem Glockengeläut beginnt die Versteigerung.

8 Uhr: In den schicken Wohnvierteln im Norden der Hauptstadt spritzen die letzten *porteros* die Bürgersteige ab. Die Putzfrauen in ihren schwarz-weißen Uniformen holen für den Señor die Zeitung vom Kiosk nebenan und für die Señora ein fettarmes Croissant vom Bäcker.

9 Uhr: Auf der Avenida General Paz hebt das tägliche Hupkonzert zu einem Crescendo an. Den Autofahrern dauert es zu lange, bis die Schranken an der Mautstation oben sind. Angeblich müssen die Schranken, sobald mehr als acht Autos hintereinander in der Schlange stehen, geöffnet werden – aber dann hat die Mautgesellschaft keine Einnahmen mehr.

Also müssen sich die Kassierer den Zorn der Berufspendler anhören.

10 Uhr: Auf vier Spuren rattern, pfeifen und ächzen die Busse über die Avenida del Libertador. Vollgestopft mit Bürovolk. Sie fahren vorbei an Häusern, die auch auf dem Boulevard Haussmann in Paris stehen könnten, Seite an Seite mit einem Glaskasten, der Manhattan gut stehen würde – und dazwischen ein abgeranzter Fünfzigerjahre-Block, der eigentlich nach Kabul oder Dnipropetrowsk gehören würde. Und dann, links der Eisenbahnlinie, die »Villa 31«, das größte Wellblechviertel von Buenos Aires, fast 30 000 Menschen sollen hier leben. Erste und Dritte Welt sind in dieser Stadt verdammt nahe beieinander. Im Microcentro, nicht weit vom Hafen, spucken die Busse ihre Ladung aus. Die Büromenschen steigen aus, werfen einen kurzen Blick auf die Neon-Anzeigen in den Wechselstuben: Wo steht der Dollar heute? Ah, 3,89 Peso. In schwarzen oder grauen Anzügen und schwarzen oder grauen Kostümen wuseln sie in ihre Büros.

11 Uhr: Im Parque de Palermo empfangen die Fitnesstrainer ihre Kunden, um mit ihnen keuchend um den Teich zu watscheln. Ein paar Bauchmuskelübungen müssen auch noch sein. Wer das auch nur halbwegs in der Realität einlösen kann, schreibt in Argentinien »buena presencia«, in etwa »ansprechende Erscheinung«, in den Lebenslauf. Oder sogar »*muy* buena presencia«.

Ein junger Mann im Muskelshirt liegt dösend in der Morgensonne. Im Ohr hat er einen Kopfhörer, damit er die zwölf Hunde nicht hören muss, die er eigentlich ausführen sollte. Er hat sie einfach an einen Baum gebunden und macht jetzt Siesta. Nebenan von den Sandplätzen im Tennisclub von Guillermo Vilas das übliche Plopp-plopp-plopp.

12 Uhr: Mittlerweile ist auch das Da-muss-man-hin-Viertel Palermo Hollywood wach, der Prenzlauer Berg, Meatpacking District und Marais von Buenos Aires. Die Filmproduzenten, Modedesigner oder sonstwie Kreativen treffen sich in der *Bar 6* oder im *Olsen*, ein Kaffee zum Wachwerden. Sie fühlen sich näher an Paris oder an New York als an La Paz oder an Brasília, den Hauptstädten ihrer Nachbarländer. Und irgendwie haben sie auch recht damit.

13 Uhr: Auf dem Markt von Liniers sind heute 1289 Rinder angeliefert worden, 21 davon tot, die muss man also von der Verkaufszahl abrechnen – ein schwacher Wert für einen Donnerstag. In der Luft knattert ein Hubschrauber, es wird wohl die Präsidentin sein, die sich von ihrer Residenz in Olivos zum Präsidentenpalast, dem *Casa Rosada*, im Zentrum einfliegen lässt.

14 Uhr: Die *mucamas*, die Putzfrauen, stehen in ihren Dienstuniformen Schlange an den Supermarktkassen. An den Wänden hängen Preislisten mit dem Staatswappen. Die Regierung hat mal wieder, um sich die Gunst des Wahlvolkes zu sichern, die Supermarktbetreiber dazu gezwungen, die Preise für Margarine, Butter, Tomaten, Nudeln und noch ein paar Grundgüter zu senken. Dafür werden eben die anderen Preise erhöht, die *mucamas* kommen mit ihrem Haushaltsgeld für die Herrschaften und vor allem mit dem für ihre eigene Familie nicht weit.

15 Uhr: Auf dem Plaza de Mayo drehen die Frauen mit den weißen Kopftüchern ihre Runden, seit dem 30. April 1977 tun sie das, jeden Donnerstag, immer um 15 Uhr, eine halbe Stunde lang. Es ist ihre stumme Anklage gegen die Militärdiktatur, die ihnen die Töchter und Söhne geraubt hat. Aber auch heute werden die *madres de Plaza de Mayo* keine Aus-

kunft bekommen und immer noch nicht erfahren, was mit den »Verschwundenen« ist.

15 Uhr: Wer es sich leisten und wer es sich einrichten kann, liegt bei seinem Psychiater auf der Couch. Es geht um den oder die Ex, die Schwiegereltern, die Probleme mit der Tochter. Buenos Aires ist die Stadt mit der höchsten Dichte an Psychiatern weltweit, angeblich sind es fünfmal so viele wie in New York. Jeder Fünfte geht demnach regelmäßig zum Psychologen oder Psychiater – in Argentinien wird da kein großer Unterschied gemacht. Und jedes Jahr werden an den Universitäten rund 3000 neue von ihnen ausgebildet.

16 Uhr: Eigentlich ist diese Stadt nicht dafür gemacht, um nachzudenken, um dicke, schwere Bücher zu lesen. Dafür sind die Frauen zu schön, das Rindfleisch zu gut, das Klima zu mild und die Menschen viel zu freundlich. Und doch wissen die Menschen hier alles, jeder Taxifahrer kann erklären, warum Hitler an die Macht kam, wofür Marie Curie einen Nobelpreis bekommen hat und weshalb Amerika im Irak scheitern muss. Im *Café Biela* sitzen die Menschen und lesen italienische, englische und argentinische Zeitungen und werden wieder ein bisschen schlauer.

17 Uhr: Lauter kleine Engel strömen durch die Straßen: Die Schule ist aus, und nur wenn sie ihre Schuluniform, die *guardapolvos blancos*, die »weißen Staubfänger«, tragen, dürfen sie umsonst im Bus fahren.

18 Uhr: Die ersten *cartoneros*, die Papiersammler, steigen aus dem Vorortzug. Hinter sich ihren Wagen, noch ist er leicht, nur das kleine Töchterchen, eine Thermoskanne und ein Sandwich liegen drin. Die Angestellten im Bankenviertel strömen nach und nach aus ihren Bürogebäuden. Ein kurzer Blick

auf die Anzeigen in den Wechselstuben, der Dollar steht bei 3,88 Peso, es hat sich nicht viel getan.

19 Uhr: Auf der Avenida General Paz hupen sich die Autofahrer wieder ihre Wut aus dem Bauch. Sie wollen nach Hause in ihre Wohlstandsinseln hinter Gittern im Norden der Hauptstadt, sie wollen sich das Kleingeld sparen und keine Minute mehr verlieren. Aber die Mautschranke bleibt unten, einer nach dem anderen wird abgefertigt.

20 Uhr: Buenos Aires macht sich mal wieder fein für eine lange Nacht. Überall in der Stadt beginnen die Tangoklassen. Auf der Plaza Dorrego in San Telmo wird das Licht langsam schummrig, die Taschendiebe machen sich bereit für die Abendschicht. In den Bars läuft der Fernseher, die Copa Libertadores läuft, Boca spielt gegen die Corinthians aus São Paulo. Die *cartoneros* ziehen durch die Straßen. Die *porteros*, die es gut mit ihnen meinen, haben ihnen den Müll sauber getrennt auf den Bürgersteig gestellt, der eine oder andere steckt ihnen sogar ein Sandwich oder ein ausrangiertes Kleidchen für die Tochter zu. Im Teatro Colón an der Avenida 9 de Julio steht Puccini auf dem Programm, wieder mal *La Bohème*. Die feinen Porteñas funkeln mit den Kristalllüstern um die Wette. Wer im schwarzen Anzug statt im Smoking kommt, fühlt sich underdressed – wer in Jeans kommt, wird nicht einmal ignoriert.

21 Uhr: Die Restaurants machen auf. Aber außer ein paar Touristen, die sich an den Takt dieser Stadt noch nicht gewöhnt haben, ist nichts zu tun. Man wienert die Tische, poliert noch mal ein paar Gläser, entstaubt ein paar Weinflaschen. Lange Schlangen vor den Kinos, die Abendvorstellung beginnt. Die einen ziehen sich den neuesten Hollywoodschinken rein, die anderen freuen sich auf irgendeine fran-

zösische Komödie, die in der *Nación* gelobt wurde. Klar, sie kommt ja schließlich aus Frankreich, aus Europa.

22 Uhr: In den *telos*, den Stundenhotels, herrscht so langsam erste Rushhour. »Du, Schatz, es wird wohl später, ich muss noch in eine Konferenz, deshalb schalte ich gleich das Handy aus. Ein Küsschen, bis später.« Diese oder ähnliche Sätze haben mal wieder Tausende von Frauen und Tausende von Männern in ihre Telefone gelogen.

23 Uhr: Die Abendvorstellung in den Kinos ist zu Ende, am Teatro Colón ist der letzte Vorhang gefallen. Man strömt in die Restaurants. An langen Tischen sitzen Freundesgruppen, in der Regel getrennt nach Geschlecht. Denn donnerstags ist man mit den Freunden oder den Freundinnen unterwegs, Donnerstag ist der *jueves de trampa*, der »Fremdgehtag«. Das heißt, die *telos* werden guten Umsatz machen heute Nacht.

o Uhr: Auch der letzte Tangokurs ist beendet. Nun beginnen die Milongas, die Tangonächte. Die *cartoneros* gehen ihre letzten Straßen ab, die Wagen sind nun schwer beladen.

1 Uhr: Auf dem Mietfußballplatz im Barrio de Parque stehen die Letzten unter der Dusche. Eigentlich wäre nur bis Mitternacht gebucht gewesen, dann hat der Platzwart noch mal ein Auge zugedrückt, aber um halb eins hat er endgültig das Flutlicht abgedreht.

2 Uhr: Die Tangoshows für die Touristen sind vorbei, professionelle Tänzer drehen noch eine Runde durch die Milongas. Ein, zwei Stündchen noch, ein, zwei Bierchen noch.

3 Uhr: Das Handy klingelt: Matías ist dran, er kommt gerade vom *Grupo de los Jueves,* seinem politischen Debattierzirkel.

Ob man nicht noch Lust habe auszugehen, er sei gerade in der Gegend. Tja, warum nicht, die Nacht ist ja noch jung.

4 Uhr: Wir treffen Martín Churba, er ist einer der argentinischen Modedesigner, die nach der Krise 2001 international groß rausgekommen sind. Mit seinem Defilee ist heute die Modewoche eröffnet worden, in der mächtigen *Asociación Rural,* wo ansonsten die Rinderbarone ihre neuen Superkühe vorstellen. Jetzt feiert Churba auf einem Hausdach in Palermo, er lässt sich feiern, und er dreht die Musik lauter. Es wird sich schon keiner von den Nachbarn beschweren, ist ja schließlich erst 4 Uhr morgens.

5 Uhr: Die Putzfrauen und die Hausmeister reiben sich den Schlaf aus den Augen und schlürfen den ersten Mate des Tages. Sie stehen an den Vorortbahnhöfen oder den Bushaltestellen und machen sich auf zu den Herrschaften in der Hauptstadt.

6 Uhr: Jetzt ist auch Matías müde. Man besorgt sich beim Kiosk an der Ecke ein letztes Bier, erzählt sich noch einmal die Anekdoten des Abends, und dann geht es nach Hause. Ein paar Stunden Schlaf müssen reichen, diese Stadt hat zu viel zu bieten.

7 Uhr: Auf dem Viehmarkt in Liniers sind die letzten LKWs angekommen. 1221 Rinder werden heute den Besitzer wechseln.

Allein unter Menschen:
In den Cafés von Buenos Aires

»Wie soll ich Dich vergessen in diesem Klagelied,
Cafetín von Buenos Aires?
Wenn Du doch das Einzige in meinem Leben bist,
das meiner Mutter glich.
In Deiner wundersamen Mischung
aus Weisen und Selbstmördern
lernte ich Philosophie ... die Würfel ... das Spiel
und die grauenhafte Poesie,
nicht mehr länger an mich zu denken.
Du gabst mir in Gold eine Handvoll Freunde
welche meine Stunden erheitern ...«
Enrique Santos Discépolo, Cafetín de Buenos Aires,
Tango von 1948

Sicher, der Porteño hat in aller Regel ein Zuhause, einen Ort,
an dem er lebt; und er hat ein Büro, einen Ort, an dem er
arbeitet. Aber der Ort, an dem der Porteño seine Zeitung liest,
seinen Kaffee trinkt, sein Feierabendbier zu sich nimmt, das
Sonntagsspiel anschaut, wo er seine Steuererklärung macht,

28

den nächsten Roman schreibt, die letzte Scheidung durchrechnet und sein Ferienhaus plant, kurzum: der Ort, an dem der Porteño die wirklich wichtigen Dinge des Lebens verhandelt, ist das Café. Die großen Dinge, der neue Präsident, der Rindfleischpreis, die Verderbtheit der Jugend, sie werden im Café ganz klein. Und die kleinen Dinge, dieses verdammte Gegentor von Racing in der letzten Minute oder der Regen draußen vor der Tür, sie werden ganz groß im Café. Der Arbeiter, der Intellektuelle und der, der sich dafür hält – im Café hat er sein eigentliches Wohnzimmer.

Genauer gesagt: im *cáfe de la esquina*, im Café am Eck. Man fährt als Porteño nicht durch die halbe Stadt, um in irgendeinem angesagten Café irgendjemanden zu treffen, sondern man geht in sein Café an der und um die Ecke. Schon alleine, um dem Wahnsinn daheim zu entfliehen. Dem Vater, der einen nicht versteht; der Frau, die auf einem anderen Planeten lebt; der Schwester, die den ganzen Tag vom neuen oder vom ehemaligen Freund redet. Alleine sein unter Menschen, darum geht es im Café. Der argentinische Philosoph Rodolfo Kuch schreibt: »Es gibt wohl keine typischere Erfahrung in Buenos Aires als die, am Tisch eines Cafés zu sitzen und über das Vorbeilaufen der Menschen vor dem Fenster nachzudenken.«

Es gibt angeblich 8000 Cafés in Buenos Aires. Es gibt die berühmten, das *Tortoni*, das *La Biela*, das *Las Violetas*, die *Confitería Ideal*. Holzvertäfelte Wände, große Spiegel, Waschbecken aus Marmor: Ja, diese Überbleibsel aus der argentinischen Belle Epoque muss man gesehen haben. Schließlich haben da die Patrioten gegen den spanischen Vizekönig die Mai-Revolution von 1810 ausgeheckt, schließlich haben da die Borges und die Cortázars ihre Bücher geschrieben. Per Gesetz ist 1998 sogar die *Comisión de Protección y Promoción de los Cafés, Bares, Billares y Confiterías Notables de la Ciudad de Buenos Aires* geschaffen worden, die »Kommission zur Erhaltung und zur

Förderung der würdigen Cafés, Bars, Billardsalons und Konfiserien der Stadt von Buenos Aires«. Sie veröffentlicht und aktualisiert ständig ein Verzeichnis der traditionellen Cafés, organisiert dort umsatzfördernde Lesungen und Tangoabende und leistet Hilfestellung bei der Restaurierung.

Aber der Geist des »Cafetín de Buenos Aires« lässt sich auch in jenen klimaanlagengekühlten Kettencafés mit ihrem Franchisekettendekor erspüren, die seit den Menem-Jahren immer mehr und mehr geworden sind.

Es gibt in jedem Café, das diesen Namen verdient, die aktuellen Zeitungen, und es gibt einen Fernseher, der in der Ecke hängt und die aktuellen Staumeldungen anzeigt. Es gibt einen Mann an der Kasse – meistens ist es ein Mann –, der den Kellnern die Bestellungen boniert und die Rechnungen macht. Zigaretten gibt es übrigens im Café nicht mehr, seitdem Buenos Aires, buchstäblich über Nacht, 2005 das Rauchen in öffentlichen Gebäuden abgeschafft hat. Dass solche Dinge ohne Murren und ohne Ausnahmen einfach durchgesetzt werden, trägt zur grundsätzlichen Unverständlichkeit des Landes bei – erklärt aber, warum Argentinier bisweilen als die »Preußen Südamerikas« gelten.

Die Hauptperson im Café ist übrigens nicht etwa der Gast, sondern der *mozo*, der Kellner. Wer in Buenos Aires kellnert, hat nicht – wie etwa in Berlin – ein Studium oder ein sonst wie wichtiges Projekt laufen, das er durch das mal mehr und mal weniger engagierte Herumlungern in bauchfreier Kleidung finanziert. Der Kellner sieht sich in Buenos Aires als Vertreter eines ehrenwerten Berufsstandes. Seine Kellnerehre baut auf vier essenziellen Dingen auf:

a) Er zückt grundsätzlich niemals Block und Bleistift, um eine Bestellung zu notieren. Das speichert er im Kopf, und wenn es eine zehnköpfige Reisegruppe ist, die bei ihm Platz genommen hat und das elfgängige Menü in zwölf Varianten bestellt.

b) Er trägt stets mit Würde die jeweilige, und zwar meist schwarz-weiße, Kluft des jeweiligen Cafés.

c) Es ist für ihn selbstverständlich, dem Gast zu jedem Kaffee ein Gläschen Wasser und zu jedem Orangensaft ein Stückchen Keks und zu jedem Bier ein Schälchen Chips oder Erdnüsse dazuzustellen.

Und d) würde ein Kellner in Buenos Aires niemals seinen Gast fragen: »Darf es noch was sein?« Zumindest nicht in dem Sinne, dass damit gemeint wäre: »Mach dich vom Acker, oder mach Umsatz.« Nein, als Gast eines Cafés in Buenos Aires ist man Gast, von morgens früh bis abends spät, und notfalls eben nur mit einem einzigen Cortado. Schließlich wissen die Kellner ja nicht, ob sie es nicht mit einem neuen Borges oder Cortazar zu tun haben, der da als Gast vor ihnen sitzt und der sich auf den Servietten Notizen für den nächsten großen Roman macht. Da will man nicht kleinlich sein.

Als Gast hat man sich im Übrigen grundsätzlich an einen freien Tisch zu setzen: Ein Tisch, an dem einer sitzt, ist nicht frei – auch wenn er dort seit sechs Stunden sitzt, auch wenn der Tisch für acht Personen ist, auch wenn das Café brechend voll ist. Ein Argentinier käme nicht einmal auf die Idee zu fragen, ob da noch frei wäre. Denn wenn er ins Café ginge, um mit wildfremden Menschen zu sprechen, dann könnte er ja auch gleich daheim bleiben.

Ein getanzter, trauriger Gedanke

Es ist eine dreifache Traurigkeit, die im argentinischen Tango liegt:

Da ist die Trauer um die verflossene Liebe oder um die Liebe, aus der eigentlich etwas hätte werden können, sollen, müssen, der aber irgendwie das Leben in die Quere kam.

Da ist die Sehnsucht nach der europäischen Heimat, nach der Familie in Italien oder in Spanien oder in England, die man zurückgelassen hat im Tausch gegen eine amerikanische Zukunft.

Und da ist die Traurigkeit darüber, dass die Zukunft es nicht leicht hat in Argentinien. In einem Land, das seine besten Zeiten eigentlich immer hinter sich und nie vor sich hat.

Von dieser Melancholie lebt der Tango, nährt sich der Tango. Man spürt sie bei einer Tangonacht. Sie hält den größten aller Männer des Tango am Leben, Carlos Gardel, auch Jahrzehnte nach seinem Tod. Und selbst ein Mann wie Oscar Fischer lebt in der Sehnsucht nach *aquellos años*, nach »jenen Jahren« – wann auch immer und wie auch immer die in Wirklichkeit gewesen sein mögen.

Der Gralshüter des Tango: Ein Besuch bei Bandoneon-Doktor Oscar Fischer

Ein kleines Häuschen mit Rosentapete an den Wänden und Schraubzwingen aller Größen, Lackdosen, abgestoßenen Koffern, Stetoskopen und Schiebelehren auf den Tischen in der Calle Defensa 1137: Hier geht es um die Zukunft, ach was – um das Überleben des Tangos. Oscar Fischer würde das so direkt nicht formulieren, aber doch so ähnlich. Er hat hier, mitten in San Telmo im Süden von Buenos Aires, sein *Casa del Bandeón* eingerichtet. Hier ringt der Mittvierziger, grauer Pferdeschwanz, weißer Bart, deutsche Vorfahren, argentinische Unbescheidenheit, den Kampf um die Zukunft des Tango. Man könnte auch banaler sagen: Oscar Fischer repariert Bandoneons. Aber das wäre der Größe der Sache nicht angemessen, um die es hier geht.

Denn das Bandoneon ist in Gefahr. Und mit ihm der Tango überhaupt, schließlich ist das Instrument die Seele des Tangos. Wer nur sein seufzendes Schnaufen hört, seine brutalen, wuchtigen Bässe und die zarten, zerbrechlichen Fiepstöne in den Höhen, das Klackern der Knöpfe und das Luftholen des Blasebalgs, der weiß nach einem halben Takt: Aha, Bandoneon, Tango. Der Tango für die Füße, aber auch der für die Ohren – ohne den *fueye*, den »Blasebalg«, wie die Argentinier liebkosend sagen, nicht zu denken.

Es ist wohl die einzige Sache, für die die Argentinier den Deutschen richtig dankbar sind: Heinrich Band, ein Musikalienhändler aus Krefeld, sucht um 1840 herum nach einem Instrument für sein Stadtorchester. Die bislang übliche Konzertina gibt ihm zu wenig her, 54 Töne sind ihm zu wenig. Er frisiert sie um, nennt seine Weiterentwicklung »Bandoneón« und verpasst ihm erst 106, dann 130 Töne (heute ist es mit 144 bekannt). Vor allem aber kann das Bandoneon Mollakkorde spielen, es spricht damit die Sprache der Klage, des

Schmerzes und der Melancholie – sonst hätte es seinen Platz im Tango nicht gefunden.

Man muss nicht Noten lesen können oder die Klaviertastatur beherrschen wie später beim Akkordeon, und so wird Bands Erfindung das Instrument der Arbeitervereine. Das Klavier des kleinen Mannes, die Orgel für unterwegs. Die Seeleute haben es an Bord, die Einwanderer haben es im Gepäck, so findet das Bandoneon Anfang des 20. Jahrhunderts seinen Weg an den Río de la Plata.

Mit seiner komplizierten Tastenanordnung nach Druck und Zug ist es nicht ganz einfach zu lernen. Bis heute taucht alle paar Jahre ein neuer Guru auf, der erklärt, er habe das ultimative Tastensystem erfunden, mit dem jedes Kleinkind nach drei Minuten »Hänschen Klein« spielen könne. Doch die Legende, dass der Tango so langsam sei, weil man auf Bandoneons immer erst nach den richtigen Tasten suchen müsse, haben Generationen von Virtuosen inzwischen längst widerlegt.

In Argentinien jedenfalls, und damit kommen wir zu Oscar Fischers Problem, wird das Bandoneon nie gefertigt, es bleibt ein Importprodukt. Fünfzig- bis sechzigtausend Instrumente, schätzt man, werden wohl im Lauf der Jahrzehnte nach Argentinien verschifft worden sein. Die Europäer tun sich leichter mit dem Akkordeon, mit seinen Klaviertasten und mit seinem edleren, reineren Ton. Der Tango hingegen hängt sein Herz an dieses schnaufende Ding mit den vielen klackernden Knöpfen. Vor allem die »AA«-Modelle, die »Doble-As« der Firma Arnold aus dem sächsischen Vogtland, sind in aller Welt gefragt. Holz, Leder, Perlmutt: Es sind Materialien für die Ewigkeit, aus denen dort Instrumente gefertigt werden, über 600 Stück pro Monat. Bis die Firma nach 1945 in einen Volkseigenen Betrieb umgewandelt und schließlich 1964 zum Bau von Dieselpumpen statt Musikinstrumenten verdonnert wird.

So gehen die Produktionszahlen massiv zurück. Gleichzeitig verrotten die Bandoneons, die in Argentinien geblieben sind: Keiner spielt mehr den Tango, und ein Bandoneon, das nicht gespielt wird, stirbt irgendwann. Sagt Fischer. Man baut die Instrumente zu lustigen Tischlampen um, »und in einem griechischen Restaurant hing eines einfach so in der Gaststube, sie hatten Würste drangehängt«. Es schüttelt Fischer, wenn er das erzählt.

Die wenigen guten Stücke, die es noch gab, schnappten sich Europäer und Japaner. Mit Kombis und Scheckbüchern seien japanische Bandoneon-Verschacherer von Musikgeschäft zu Musikgeschäft und durch die Dörfer gefahren.

Aber auch die großen argentinischen Meister, so fair müsse man dann doch sein, die großen alten Herren des Bandoneons seien mitschuldig an dessen Aussterben: Sie fahren mit drei Instrumenten auf Europa- oder USA-Tournee und kommen dann mit einem einzigen sowie zigtausend Dollar in der Tasche zurück. »Und dann sagen sie zu ihren einheimischen Schülern: ›Auf dem Schrott, den ihr hier anschleppt, unterrichte ich nicht.‹ Aber woher soll der kleine Carlitos aus meinem Straßenblock die drei-, viertausend Dollar für ein vernünftiges Instrument denn nehmen?«

Tja, und dann sind auch irgendwann die Kriminellen drauf gekommen, dass man mit Bandoneons Geld verdienen kann: In Fälscherwerkstätten werden alte, schlecht erhaltene Dachbodeninstrumente ausgeschlachtet und zu getürkten AAs gepimpt, den Porsche 911ern unter den Bandoneons. Die amerikanischen Hausfrauen, bei denen solche Instrumente landen, merken's eh nicht, oder wenn, dann zu spät. Und dann gibt es die Musikgeschäfte, die mit gewissen, nun ja, Kooperationspartnern zusammenarbeiten, um an Instrumente zu kommen: »Ich kenne einen Musiker«, sagt Fischer, »dem hat man dreimal das selbe Bandoneon geklaut – und dreimal hat er es im selben Musikgeschäft wieder verkauft bekommen ...«

Fischer also repariert in seiner Werkstatt alte Instrumente. Rund 20 000 dürfte es noch geben im Land, nicht wenige von ihnen landen früher oder später in seiner Werkstatt. Er bessert hier einen Holzkörper nach, fügt dort ein paar neue Tastenknöpfe ein, flickt hier einen mottenzerfressenen Blasebalg, stimmt dort ein paar Metallzungen nach. Fischer gibt Erste-Hilfe-Kurse, in denen Bandoneonistas lernen, wie sie kleine Pannen und Defekte selbst reparieren können. Fischer sammelt alte Partituren. Fischer schult angehende Blasebalg-Doktoren. Und Fischer sammelt jetzt auch Unterschriften. Unterschriften für ein Gesetz, mit dem die Regierung das Bandoneon zum *Patrimonio Cultural de la Nación* erklären soll, zum nationalen Kulturgut: ein nationales Register, das alle Instrumente auflistet. Vorrang für staatliche Käufer, wenn ein besonders gut erhaltenes Bandoneon auf dem Markt ist. Ausfuhrzölle. Solche Sachen will er mit seinen gesammelten Unterschriften erreichen. Und überhaupt: Es müsse doch eigentlich in jeder verdammten Schule des Landes eine Vitrine stehen, in der ein altes, funktionierendes Bandoneon liegt, an dem die Schüler jeden Morgen vorbeiparadieren und auf dem dann die Nationalhymne gespielt werde, findet Fischer. Aber das mit den Vitrinen ist ein Traum. Und das Gesetz irgendwie auch, es hängt im Parlament, seit Jahren schon. Selbst wenn es einmal beschlossen sein sollte, wer es dann wie in die Wirklichkeit umsetzen könnte und wie das Bandoneon so vor dem Aussterben zu retten wäre – das weiß keiner. Aber Fischer ist sicher: »Wenn das Bandoneon stirbt, stirbt auch der Tango. Denn nur mit Querflöte und Gitarre – ich weiß nicht.«

In unregelmäßigen, aber nicht allzu großen Abständen feiern die Medien das »erste argentinische Bandoneon«. Dann hat wieder irgendeiner ein altes Instrument vom Speicher ausgegraben, hat drei Tasten ersetzt, den Korpus neu lackiert und präsentiert es als »das erste Bandoneon aus argentinischer Fertigung«. Es werden Leserbriefe geschrieben und veröffentlicht, die vor Nationalstolz triefen. Und irgendein Minister, der das Ganze zu einem Paradigmenwechsel für die argentinische Kultur erklärt, findet sich dann auch meistens. Dann gibt es ein *evento*, eine Vorstellung des Bandoneons im nationalen Tangomuseum oder Ähnliches. Man erinnert dort an die guten alten Zeiten mit den Bandoneon-Legenden Leopoldo (Federico) oder Anibal (Troilo) oder Ernesto (Baffa). Es wird ein bisschen Tango gespielt, dem heldenhaften Bandoneon-Schaffer hält der Minister, oder wer sich eben gerade findet, eine Rede – und drei Monate später ist dann in einer kleinen Zeitungsnotiz zu lesen, dass die Produktion des ersten nationalen Bandoneons nun doch nicht in Serie gehen konnte. Oscar Fischer hat genügend solcher Geschichten gehört, deshalb nimmt er sie schon gar nicht mehr ernst. »Wir Argentinier sind nur gut darin, Mythen zu erfinden«, sagt er, »die richtigen Sachen erfinden doch immer die anderen.« Da entwerfe man irgendwas, fordere Holz von einem Zulieferer – »und dann hocken die Jungs den ganzen Tag in der Werkstatt und trinken Mate und vermessen sich laufend um ganze Zentimeter – so kommt unser Land nie vom Fleck«. Es wird schnell grundsätzlich, wenn Oscar Fischer über das Bandoneon und den Tango redet.

Aber eines wolle er einem doch noch zeigen, bevor man geht. Er habe da ein Projekt. Er sei es nämlich leid, den Wachhund gegenüber den Europäern und Japanern zu geben. So richtig offiziell sei es noch nicht, sein Projekt, und den Minister habe er noch nicht so ganz im Boot. Aber in ein paar Monaten, da könne er mehr sagen. Nur so viel schon mal jetzt: Es geht um was ganz Großes. Um ein Bandoneon. 2000 Pesos, für jeden argentinischen Schüler bezahlbar, auch in Raten abzustottern. Ganz aus argentinischer Fertigung. Man sei ganz dicht dran.

Flipflops an den Füßen, Pomade im Haar:
Eine Tango-Nacht in der Viruta

Es gibt Orte in Buenos Aires, an denen der Tango älter ist, traditioneller, glamouröser. Es gibt Milongas, bei denen mehr Cracks tanzen, bei denen man besser gekleidet ist, wo es nur Schwule gibt oder wo vergoldete Spiegel an den Wänden hängen. Aber es gibt keinen Ort, an dem der Tango so aktuell ist, so jetztzeitig und so volksnah wie im Untergeschoss eines hässlichen Betonquaders in der Calle Armenia 1366. In der *Viruta*.

Ein Donnerstag, kurz nach ein Uhr nachts. Die ersten amerikanischen Touristen gehen schon nach Hause, sie haben morgen Besichtigungsprogramm. Die Argentinier kommen erst jetzt, denn ab eins ist der Eintritt umsonst. Das heißt, die Milonga, die Tangonacht, fängt jetzt erst an. Und sie wird – wie die meisten Nächte in Buenos Aires – lang.

Es gibt hier Tangoabende mit Sextett, Kindertangokurse, Elektrotangonächte, aber die meisten Abende sind so wie heute: vier, fünf, sechs Tangos, dann ein kurzer musikalischer Break mit Salsa oder Cumbia und dann wieder Tango. Die klassische Milonga eben.

Juan Domingo ist schon ein Weilchen da. Er ist fast 80, Taxifahrer und hat im Kofferraum seines Peugeots immer ein paar schwarze Tangoschuhe liegen. So kann er, wenn er in der Gegend ist und ohne dass es die Ehefrau daheim mitbekommt, in der *Viruta* schnell mal ein paar Milongas und ein paar Walzer auf die Steinplatten legen. Juan Domingo hat sich ein junges Ding geschnappt, sie könnte seine Enkelin sein. Sie hängt mit geschlossenen Augen in seinen Armen, wie eine Schlafwandlerin, jetzt tanzen sie schon die dritte Milonga zusammen. Noch ein Tanz, noch ein Bier, dann kommt das schlechte Gewissen. Dann wird Juan Domingo wieder in sein Taxi steigen, brav sein Geld verdienen und der Ehefrau am nächsten Morgen aus tiefen Augen klagen, wie schlecht das Geschäft doch wieder laufe.

Die *Viruta* ist für alle da, die Alten und die Jungen, die Dicken und die Dünnen, die Eleganten und die Tapsigen. Eine Mittzwanzigerin, über den knackigen Shorts ein bauchfreies Top, tanzt mit einem Mittsiebziger in Anzug und Krawatte. Eine Mittfünfzigerin, schwarzes Kleid, langer Schlitz, rückenfrei, tanzt mit einem Ziegenbartträger im Boca-Trikot. Daneben ein britisches Traveller-Pärchen. Sie zeigt ihm, wie er zu führen hat, er gibt sich Mühe. Ein alter Hagestolz, Anzug, Pomade, das volle Programm eben, hält Ausschau. Auf ihn wird kein altes Eheweib daheim warten wie auf Juan Domingo, er hat sich herausgeputzt. Die einen deuten nur an, dezent, hier mal eine Acht, dort mal eine Drehung. Die anderen wiegen, wirbeln, beugen einander, brillieren mit ihren Cortes und Quebradas, Barridas und Cunitas und wie die Schritte alle heißen.

Horacio Godoy organisiert die Milonga in der *Viruta*, seit 1994, immer mittwochs bis sonntags. Die ganze Nacht lang steht er mal am DJ-Pult, mal am Bierausschank. Mal drückt ihm einer, der von sich sagt, er habe ein ziemlich gutes Bandeon-Sextett aufgemacht, eine Demo-CD in die Hand, mal will ihm einer eine Anstellung als Tangolehrer abschwatzen. Godoy hört allen aufmerksam zu, kümmert sich um alles – aber man merkt ihm an: Eigentlich juckt es ihn in den Beinen, eigentlich würde er am liebsten selbst auf der Tanzfläche stehen. Er singt ein paar Takte mit, schaut einer sehr schönen Tänzerin bei ein paar Drehungen sehr aufmerksam auf den Hintern. Dann will wieder irgendwer irgendwas von ihm.

Wie kommt es, Horacio, dass der Tango wieder so lebendig ist in Buenos Aires? Sind das nur die Touristen, die nach der Wirtschaftskrise 2001 zuhauf ins Schnäppchenland Argentinien kamen und damit den Tango wiederbelebten, sozusagen als Exportindustrie? Und warum, Horacio, lernen die Enkel den Tango von den Großmüttern und -vätern, und nicht von den Eltern?

Stimmt schon, sagt Horacio, er selbst, Jahrgang 1964, habe den Tango zu Hause nicht vorgelebt bekommen. »In den Fünfzigerjahren kamen das Fernsehen, der Rock 'n' Roll, die Beatles – Tango war da ein reines Opa-Ding, dafür hat sich die Generation meiner Eltern nie wirklich interessiert. Erst in den Achtzigern, nach dem Ende der Diktatur, als eine Welle von Scheidungen über das Land rollte – da waren plötzlich ganz viele Menschen wieder auf dem Markt. Sie wollten ausgehen und tanzen, und so entdeckten sie den Tango wieder für sich. »Na ja, und im Kino hat man eben nicht das volle Panorama wie bei einer Milonga«, sagt Horacio und grinst mit einem Seitenblick auf die schöne Tänzerin von eben.

Aus den Boxen, die nicht mehr die Jüngsten sind, weh-klagt und wimmert das Bandoneon, brummelt der Bass, seuf-zen die Violinen. Die Lieder handeln vom vollen Mond und vom leeren Herzen, von den untreuen, grausamen Frauen, vom Pech und vom Leid und von der guten alten Zeit. Der Klomann kennt die Texte, er trällert von seinem Arbeits-platz aus munter mit. Und hält für diejenigen, die noch mehr wollen von dieser Nacht, Deo, Minzpastillen und Kondome parat. Es wird nicht viel gesprochen, es wird nicht viel gelacht, es wird nur getanzt. Immer links herum, im Vierviertaltakt gegen den Uhrzeigersinn, als würde die Nacht so langsamer vergehen. Die Augen haben sie geschlossen, als sehnten sie sich nach einer besseren Zeit an einem besseren Ort.

Es ist halb drei. Verónica und Omar haben mal wieder ihre Tangoshow für die Touristen im Hafenviertel abgeliefert, jetzt sind sie mit ein paar anderen Tänzerpaaren hergekommen, um noch ein paar Runden zu drehen, ein paar Biere zu trinken.

Neonlicht ist immer grausam. Doch um vier geht auch diese Tanznacht zu Ende. Eine letzte »Cumparsita«, dann wer-den in der *Viruta* die Stühle hochgestellt. Die Frauen ziehen sich ihre Tanzschuhe von den Hacken und schlüpfen in Flip-flops. Ein letztes Paar tanzt einen letzten Tango, den nur sie im Ohr haben. Dann müssen auch sie gehen. Es wird andere Nächte geben.

Der Mann, der Argentinien eine Stimme gab: Carlos Gardel

Am 28. März 1913 erscheint in der Zeitschrift *Fray Mocho* eine kleine Annonce: »Carlos Gardel, Tenor, Künstler des Teatro Nacional, Doppelschallplatten (25 cm), 2 Pesos«. Die Platten hat ein 21-Jähriger aufgenommen, der sich seit ein paar Jahren in den Spelunken, Kabaretts und Bordellen von Buenos Aires herumtreibt.

Man nennt ihn *El Morocho del Abasto*, diesen Gardel, den »Schwarzhaarigen aus dem Abasto-Viertel«. In den Vorstädten, in den Hafenvierteln und den Messerstechergegenden gibt es viele wie ihn. Begleitet von einer Gitarre, singt er manchmal die erste Stimme und manchmal die zweite. Keine ausgebildete Stimme, keine mächtige Stimme, keine ausgefeilte Atemtechnik. Aber dieser Gardel weiß, wie man singen muss, damit es den opernverliebten italienischen Einwanderern gefällt. Hafenarbeiter, Laufburschen, Glücksspieler, die meisten von ihnen können nicht lesen – aber aus ihren verfaulten Zahnreihen pfeifen sie Verdi-Ouvertüren und trällern sie Puccini-Arien. Die große Geste, den lyrischen Tenor mit dramatischem Vibrato zu geben, auf dass die seltenen Damenknie im Publikum weich werden und die sehr viel häufigeren Männeraugen feucht – das hat er schnell drauf, dieser Gardel.

So wird aus dem Vorstadtbarden ein Weltstar werden, einer, der eine ganze Musiktradition – Gardel ist gleich Tango, Tango ist gleich Gardel – verkörpern wird.

In der heiligen Vierfaltigkeit der argentinischen Nationalhelden – neben Che Guevara, Diego Maradona und Evita
Perón – ist Gardel die unschuldigste und die unumstrit-
tenste Figur. Das, abgesehen vom Rindfleisch, einzige weltweit erfolgreiche Exportprodukt, auf das nun wirklich jeder
Argentinier stolz ist. Wie Diego und wie Evita stammt er aus
bescheidensten Verhältnissen und wird, wie die beiden, zu
einer internationalen Glamourfigur, deren Licht im eigenen
Land um so heller strahlt, je heller es im Ausland leuchtet.
Und wie es sich für einen ordentlichen Helden gehört, ist bis
heute ziemlich unklar, wer dieser Mann eigentlich war.

Er heißt, wenn man der französischen Version glauben
will, Charles Romuald Gardès. Geboren ist er entweder im
französischen Toulouse oder in Buenos Aires oder in Tacu-
arembó in Uruguay. Und ob er wirklich 1890 das Licht der
Welt erblickt hat oder 1887 oder 1883 – auch das lässt sich genau nicht sagen. Denn ein Gardel macht sich schnell Freunde
bei der Polizei und bei sonstigen Behörden, da bekommt man
problemlos den passenden Ausweis, die passenden Papiere mit
dem passenden Stempel. Damit man keinen Militärdienst ab-
leisten muss oder um die recht einfache und uneheliche Herkunft im Nachhinein etwas aufzuhübschen, kann es eben von
Vorteil sein, Geburtsdatum und -ort etwas umzufrisieren. Die
heute amtliche Version lautet jedenfalls, dass ebenjener Charles
Romuald Gardès am 11. Dezember 1890, einem Donnerstag,
im Krankenhaus Saint Joseph de la Grave in Toulouse auf die
Welt gekommen ist. Und dass die Mutter Berthe Gardès mit
ihrem kleinen Sohn an Bord des Dampfschiffes *Dom Pedro* am
11. März 1893 im Hafen zu Buenos Aires einläuft.

Aber war sie auch wirklich die leibliche Mutter? Oder ist er
nicht doch als unehelicher Sohn eines uruguayischen Obris-
ten auf die Welt gekommen? Vielleicht wird es die Welt nie
erfahren, denn die argentinischen Gerichte haben bislang die
uruguayischen Bitten auf eine DNA-Probe, mit der nachzu-

weisen wäre, ob Gardel und die Gardès wirklich von einem Blute sind, stets abgeschmettert. Gardel selbst hat die Sache auch nicht wirklich klarer gemacht, als er sagte: »Ich bin in Buenos Aires, Argentinien, geboren – im Alter von zweiein-halb Jahren.«

Gardel geht auf eine Salesianer-Schule, aber die eigentliche Erziehung lässt ihm der Hafen angedeihen. Die Drogen, das heimliche Glücksspiel, die gekaufte Liebe: Das ist die Welt, in der Gardel aufwächst. Er treibt sich mit den *compadritos* herum, den Zuhältern und den Messerstechern, die für Poli-tiker und sonst wie wichtige Personen jene Dinge erledi-gen, die eben erledigt werden müssen und die einer erledi-gen muss. 1915 gerät er in eine Schießerei und wird von da an in seinem linken Lungenflügel eine Pistolenkugel mit sich herumtragen.

Aber da hat seine Karriere schon begonnen: Mit dem Gitarristen José Razzano hat er sich auf der Straße einen Sän-gerstreit geliefert, keiner der beiden gewinnt, so werden sie Partner. Das Radio und der Tonfilm machen ihn bald den Massen bekannt, aber wie jeder Argentinier muss er sich den Ruhm im eigenen Land erst im Ausland verdienen: Es sind die Auftritte an der Côte d'Azur, in Berlin, Madrid, Paris, Lon-don, Wien, Barcelona, New York, die ihn zum Star machen. Immer weniger ist er in seiner Heimat zu Hause – und immer mehr dort, wo der jeweilige Applaus auf ihn wartet. Buenos Aires, schreibt er einmal an einen Freund, sei für ihn eine Stadt, an die man sich aus der Ferne erinnern müsse, statt in ihr zu leben.

Und eine Reise kostet ihn das Leben: Am Nachmittag des 24. Juni 1935 sitzt Gardel in seinem Flugzeug auf dem Flugha-fen von Medellín. Er kommt gerade aus Bogotá, es soll wei-tergehen nach Cali. Er lässt sich noch mit der Crew ablichten, dann startet die Maschine. Sie ist noch nicht in der Luft, da stößt sie mit einem anderen, vollgetankten Flugzeug zusammen. Beide Flugzeuge gehen sofort in Flammen auf, die Leiche Gardels ist schnell zu identifizieren: Es ist die mit dem dicken, diamantenbesetzten Goldring am Finger.

Doch nur weil er tot ist, muss ein Gardel seine große Amerikatour noch lange nicht abbrechen: Sein Leichnam wird acht Monate lang auf Reise geschickt, nach New York, Río und Montevideo. Mit dem Dampfer *Pan America* kommt sie am 5. Februar 1936 im Hafen von Buenos Aires an, dort, wo Gardel vier Jahrzehnte zuvor angekommen war. Ein Gespann von acht Rössern zieht den Leichnam durch die Menschenmassen, es ist einer der größten Trauerzüge in der Geschichte des Landes.

Im *Museo Gardel*, Calle Jean Jaurés 735 im Abasto-Viertel, kann man diesem Gardel nahekommen. Es ist das Haus, das Gardel 1927 für seine Mutter gekauft hat – eines dieser typischen Chorizo-Häuser mit Durchgangszimmern, die gleichzeitig auf einen Innenhof gehen. Dort hat er mit ihr bis 1933 gelebt.

Das Museum lohnt den Besuch, man kann dort Gardels Partituren und seine Parfümflaschen besichtigen, seine Briefe aus dem Waldorf Astoria, die Aufnahmen mit seinem Zahnpastalächeln, dem pomadierten Haar und den rot getünchten Lippen.

Die Museumsleute bemühen sich, ihn als eine Art Robbie Williams seiner Zeit darzustellen, einen Weiberhelden, ein Sexsymbol. Mit unzähligen Romanzen im In- und Ausland. Aber war er das wirklich, der argentinische Gigolo, der Latin Lover? Oder war er, kinderlos und bis nach dem 40. Geburtstag bei Mama lebend, nicht eher so kalt und kühl wie Evita?

»Jemand mit einem Lebenslauf wie ich kann gar kein Verfechter der Ehe werden«, sagt Gardel in einem Interview kurz vor seinem Tod. So ein Zitat macht sich gut für einen Popstar.

Seine Freundin Isabel del Valle lernt er 1920 kennen, da ist sie gerade mal 14 Jahre alt. Sie soll die einzige Frau bleiben, mit der er länger liiert war. Heiraten wird er sie nie, sie haben das, was man heute eine »On-Off-Beziehung« nennen würde.

Dass sein Tod verursacht worden sei durch eine Schießerei mit dem Piloten wegen einer Frau? Legende.

Der heilige Sankt Borges sprach sogar von Gardel als »Schwuchtel« – aber auch die Gerüchte, wonach der Tangogott seine eigentliche Homo- oder Bisexualität mit einem umso größeren Macho-Image zu kaschieren suchte, sind unbeleg- und unwiderlegbar. Ist ja letztlich auch alles egal, denn was zählt an Gardel, ist Gardels Musik.

Gardel hat nichts erfunden, was nicht schon vorher da war. Und doch ist seine künstlerische Leistung eindeutig: Er ist der, der aus dem Tango neben dem Tanz ein Lied und ihn damit groß gemacht hat.

1917 nimmt er für Max Glücksmann, einen österreichischen Juden, »Mi noche triste« auf, seinen ersten Tango. Am Ende seines Lebens wird es über 700 Aufnahmen von Gardel geben: Tangos, Zarzuelas, Sambas, Volkslieder auf Italienisch und Französisch. Sogar einen Tango in der Indio-Sprache Guaraní gibt es von ihm auf Platte.

Eine *voz blanca*, eine »weiße Stimme« – so werden Gardels erste Auftritte beschrieben. Nasal singt er, mit mächtigem Vibrato, geschult an den Stimmen der italienischen Oper. Lange Zeit lässt er sich nur mit Gitarre begleiten – bis dahin eigentlich untypisch für den Tango. Aber mit den Harmonien soll es Gardel nicht so sehr gehabt haben, da ist eine Gitarre als Begleitinstrument einfacher zu handhaben, als immer gegen ein volles Orchester ansingen zu müssen…

Ein wirklicher Tangosänger ist Gardel eh erst ab Mitte der Zwanzigerjahre, erst ab da dominiert der Tango sein Repertoire. Vorher singt er neben vielen anderen musikalischen Spielarten auch immer wieder mal Tangos, aber eben nicht überwiegend. Auch als Tangostar versucht er sich weiterhin als internationaler Sänger in Szene zu setzen, nimmt und führt Chansons, Foxtrotts, Rumbas und Pasodobles auf. Ein neuer Maurice Chevalier, das wollte Gardel werden.

Seine Filmkarriere war wohl nicht ganz so erfolgreich, wie es ihm die Argentinier heute gerne andichten. In seinen letzten Filmen wie *El tango en Broadway* (1934) gibt Gardel den großbürgerlichen Gigolo, der mit dem Lumpenproletarier aus den Hafenvierteln nichts mehr zu tun hat. Eine Allegorie auf sein eigenes Leben. Aber bei ihm reicht es dann doch nur für die französische Paramount, die erhoffte Hollywood-Karriere will ihm nicht wirklich gelingen.

Aber trotz allem Genörgel: Wer heute seine Klassiker wie die »Cumparsita« oder »Por una cabeza« oder »Adiós Muchachos« hört; wer Gardel da seufzen und klagen hört, wie selbst der Hund des Verlassenen vor Kummer nicht mehr fressen mag, wie einer beim Pferderennen »um einen Kopf« am großen Glück vorbeigeschlittert ist oder wie der Abschied von den Freunden einem vor Trauer schier die Brust sprengt, wer also da nicht schlucken muss – der hat kein Herz im Leib. Das sehen auch die Weltkulturhüter von der UNESCO so und haben deshalb Gardels Stimme 2003 zum Welterbe der Menschheit erklärt – gemeinsam mit der neunten Symphonie von Beethoven und dem Lebenswerk Astrid Lindgrens.

Held wird man eben – da ist Diego Maradona die Ausnahme – in Argentinien erst nach dem Tod: Wenn Gardel in Buenos Aires auftrat, waren seine Shows nicht immer ausverkauft, manche seiner Filme schafften es nicht mal in die ganz großen Kinos.

Doch sein tragischer Unfall, die bombastische Inszenierung seines Begräbnisses und all die tatsächlichen und vor allem vermeintlichen Witwen und Waisen, die nach seinem Tod in den tagelangen Sondersendungen der Radios gefeatured wurden, machten Gardel mit jedem Tag, den er tot war, größer.

Heute, da das Land zum x-ten Mal den Tango wiederentdeckt, ist Gardel längst der Nationalsänger. Für die Oberklasse ist er einer, der das Land international salonfähig gemacht hat, mit dem man sich weltweit sehen lassen kann. Für das einfache Volk ist er einer aus dem Lumpenproletariat, der es nach ganz oben geschafft hat. Einer aus dem Messerstecherviertel, der im Frack in aller Welt hofiert wurde und es in die Arme so mancher Hollywood-Schönheit geschafft hat.

Man kann Gardel besuchen, an seinem Grab auf dem Chacarita-Friedhof. Es ist schon gut so, dass er hier liegt, auf dem großen und volksnahen Friedhof, der nach der großen Gelbfieberepidemie 1871 im Westen der Stadt platziert wurde – und nicht zwischen den Feine-Leute-Gräbern in Recoleta. Eine mannsgroße Statue hat man ihm hingestellt, mit etlichen Gedächtnisplaketten dran. Eine frische Nelke hat er eigentlich immer am Revers klemmen. Und regelmäßig kommt es vor, dass einer mit dem Auto vorfährt, aussteigt, eine Zigarette anzündet, sie dem einstigen Kettenraucher in die Hand drückt und sich gleich wieder vom Acker macht. So wie man eben jeden Tag die Zeitung aus dem Briefkasten holt.

Denn der Argentinier weiß: »Cada día canta mejor«, »Jeden Tag singt er besser«. Und das trotz Zigarette.

Vergangenheit, die nicht vergehen will – die Militärdiktatur

»Erst werden wir alle Subersiven töten, dann werden wir die Helfer umbringen, anschließend die Sympathisanten, danach die Gleichgültigen, und zum Schluss werden wir die Ängstlichen töten.«
General Ibérico Saint Jean, Gouverneur der Provinz Buenos Aires, Mai 1977

Eine Anzeige in der *Página 12*, es ist die Ausgabe vom 16. Februar 2009. Es sind verwaschene Schwarz-Weiß-Fotos, so wie die Passfotos in den Siebzigern eben aussahen. Ebenso schlicht der Text: »Vicente Víctor Ayala, Jorge Sanuvia Acuña, Orlando Diego Romero, Julio César Barozzi – festgenommen beim Verlassen des Clubs San Martín in der Stadt Corrientes, um die Mittagszeit. Verschwunden seit dem 16. Februar 76. Sie sind immer bei uns. Wir gedenken ihrer, wir lieben sie. Erinnerung, Wahrheit, Gerechtigkeit! Compañeros, Verwandte und Freunde.«

Täglich finden sich diese Anzeigen. Und immer noch, im vierten Jahrzehnt nach dem Beginn der Diktatur, ist die Rede von den *desaparecidos*, »Verschwundenen«. Denn immer noch sind Zehntausende von Menschen verschwunden. Menschen, die die Unverschämtheit besaßen, Juden, Intellektuelle, Kommunisten, Studenten, Gewerkschaftler oder einfach nur Brillenträger zu sein; Schüler, die um Papier für den Unterricht baten; Studenten, die das falsche Magazin auf der Straße verteilten. Sie sind einfach verschwunden, so wie Vicente, Jorge, Orlando und Julio. Von Männern in Zivil, in Ford Falcons ohne Kennzeichen festgenommen, ohne Haftbefehl. Und seitdem ohne jede Spur.

Die nationale Menschenrechtskommission ging nach dem Ende des *proceso*, des »Prozesses der Nationalen Reorganisierung«, wie die Militärschergen in Orwell-Sprech die Zeit zwischen 1976 und 1983 nannten, von etwa 10 000 Opfern aus. Die Menschenrechtsorganisationen schätzen heute die Zahl dreimal so hoch ein.

Es war die sechste Militärdiktatur im Argentinien des 20. Jahrhunderts. Militärjuntas regierten in den Siebzigerjahren – abgesehen von wenigen Ausnahmen – in allen Ländern des lateinamerikanischen Subkontinents. Aber im Ausmaß ihrer Grausamkeit blieb die argentinische Diktatur unvergleichlich. Der Ort, der wie kein anderer für die Diktatur steht, ist die ESMA, die *Escuela Superior de Mecánica de la Armada*, die Mechanikerschule der Marine.

Das argentinische Abu Ghraib – ein Besuch in der ESMA

Nebenan bauen sie die letzten Tribünen für das große Pepsi-Musikfestival auf. Es ist Freitagmittag, auf der Avenida Libertador rauschen die Busse stadteinwärts, stadtauswärts fahren die ersten Wochenendurlauber auf ihre Estanzias. Sie verschwenden keinen Blick hierher, auf den Komplex an der

Avenida Libertador 8151, mit den Palmen im Garten und den schönen weißen Säulen vor dem Haupteingang des Kolonialstilgebäudes – die ESMA, die während der Militärdiktatur das wohl größte Folterzentrum Lateinamerikas beherbergte.

Julieta ist die Führerin, Mitte 20, Studentin. Ja, sie habe *desaparecidos* in der Familie, sagt Julieta ungefragt – sie sagt es in einem Ton, der zum Nachfragen nicht einlädt. Ein brasilianisches Paar, zwei Amerikaner, aber vor allem Argentinier wollen sich in den nächsten anderthalb Stunden von Julieta das Unerklärliche erklären lassen. Julieta hat die Tour schon öfters gemacht, vielleicht klingen ihre Schilderungen deshalb so nüchtern. Vielleicht aber auch, weil sich anders über diesen Ort gar nicht reden lässt, weil nur eine gewisse Nüchternheit imprägniert gegen das Grauen.

Die Arbeitsgruppen 3.3.3 und 3.3.2 der Marine beziehungsweise des Geheimdienstes der Marine folterten, misshandelten, vergewaltigten, beraubten und ermordeten hier in rund siebeneinhalb Jahren um die 5000 Menschen. Keine 200 haben überlebt. Da die Militärs einen Schweigepakt abgeschlossen zu haben scheinen, verdanken wir ausschließlich den Überlebenden das Wissen darum, was dort in jenen Jahren passierte.

Meistens war es ein Ford Falcon, meistens ohne Kennzeichen. Ohne Uniform und ohne Haftbefehl griffen die Schergen der Arbeitsgruppen 3.3.3 oder 3.3.2 ihre Opfer auf. Im Büro, an der Universität, an der Haustür oder einfach auf offener Straße. Sie stülpten ihnen Kapuzen über, fesselten sie und verfrachteten sie im Kofferraum hierher, in das ehemalige Offizierskasino – das nun einen anderen Zweck hatte. Wer wen auf wessen Befehl festnahm und wer warum wann wo ermordet wurde, das weiß bis heute niemand. Freilassungen gab es gelegentlich – schon alleine, um Furcht und Schrecken zu verbreiten und so den Widerstand der Diktaturgegner zu brechen. Wenn die Familie auf dem Kommissariat nach-

| 50

fragte, hieß es nur: »Ach, der Jorge wird wohl ein paar Tage an den Strand gefahren sein« oder so ähnlich. Anzeigen wurden weder entgegengenommen noch verfolgt.

Einmal in der ESMA angekommen, waren die Menschen keine Menschen mehr, sondern nur noch Nummern.

Julieta führt uns in den Keller. Hier wurden aus Menschen Aktenzeichen, hier wurden die Gefangenen klassifiziert und nummeriert. Hier waren die Folterkammern. Und hier wurden Pässe gefälscht, Fahrzeugbriefe, Grundbucheintragungen und Geburtsurkunden frisiert. Die Häftlinge mussten helfen, ihre eigene Identität zu verschleiern, ihre eigenen Autos an irgendwelche Armeeangehörige zu übertragen. Dazu kam die geistige Sklavenarbeit: Sie, die meisten von ihnen unter 35 Jahren, viele frisch von oder noch an der Universität, mussten ihren Schergen die Examensarbeiten schreiben, damit ihre Folterer von Unteroffizieren zu Offizieren befördert wurden.

Das Auge sucht nach Blutflecken an den Wänden, nach irgendwelchen Hinweisen auf die Schmerzensschreie der Gepeinigten. Aber da gibt es nicht viel, die Marine hat sauber gearbeitet und keine Spuren hinterlassen.

Im September 1979 hatte die interamerikanische Menschenrechtskommission die ESMA besucht, um den Vorwürfen von Misshandlungen und Folter nachzugehen. Die katholische Kirche, erzählt Julieta mit tonloser Stimme, besitzt eine Insel, El Silencio, »Das Schweigen«, im Flussdelta des Tigre, nicht weit von hier. Den »Arbeitsgruppen« wird die Insel zur Verfügung gestellt, hier können sie während des Besuches der Kommission in Ruhe weiterfoltern. In der ESMA selbst hat man da längst ein paar Treppen abgeschnitten, ein paar Aufgänge zugemauert, ein paar Decken eingezogen – sodass die Ortsangaben der Häftlinge über den Ort ihrer Peinigung unglaubwürdig wirken.

Alles ist wohlorganisiert, schließlich ist die Marine die Elite unter den Waffengattungen. Zweiter und dritter Stock: die Schlaf- und Aufenthaltsräume der Henker und ihrer Helfer. Julieta zeigt auf die Kanten der Treppenstufen, abgewetzt und abgebröckelt. Das waren die Fußketten der Gefangenen. Sie wurden in den dritten Stock geschleift.

Hier unter dem Dach, befand sich die »Kapuze«. So taufte man den Raum, weil ihn die Häftlinge nur mit Kapuze betreten durften. Wer gefoltert worden war, den schleifte man hierher zurück und band ihm eine Eisenkugel ans Bein. Man spielte den ganzen Tag *Radio del Plata*, schlimmstes Dudelradio, auf voller Lautstärke – sodass sich die Häftlinge nicht unterhalten konnten. Die Gefangenen hielt man in Holzverschlägen, 75 mal 200 Zentimeter groß, wie Vieh in einem Stall.

Auf derselben Etage: die *pañol*, die »Vorratskammer«. Ski, Toaster, Gemälde, Teppiche, Waschmaschinen – alles, was in den Wohnungen der Festgenommenen nicht niet- und nagelfest war, nahm man hierher mit und verscherbelte oder verschenkte es an Armeeangehörige. In der *pecera*, im »Fischglas«, ließ man die Häftlinge gefälschte Radio- und Fernsehnachrichten erstellen. Die *capuchita*, das »Kapuzchen«, verlieh man als Folterkammer auch mal an die Herren von der Luftwaffe oder vom Heer, denn Bedarf hatten die ja auch.

Die vielleicht schrecklichsten Räume von allen: die Geburtsstation. Hier wurden Schwangere ab dem sechsten Monat eingeliefert. Sie hatten es etwas besser als die anderen Gefangenen – aber nicht aus Mitleid oder Barmherzigkeit, sondern weil sie den Auftrag hatten, gesunde Kinder zur Welt zu bringen. Sobald dieser erledigt war, wurden die Mütter umgebracht und die Säuglinge an Militärfamilien verschachert. So konnte man zwei Fliegen mit einer Klappe schlagen: Paare, die keine Kinder bekommen konnten, wurden so doch noch mit Nachwuchs versorgt. Und die aufständische Sippschaft, die mit der Kirche und der staatlichen Ordnung nicht einverstanden war, konnte man ausrotten, indem man ihre Brut in ordentlichen Verhältnissen aufwachsen ließ. Rund 600 Kinder sind so in falsche Familien verpflanzt worden – nicht mal ein Viertel von ihnen hat heute, drei Jahrzehnte nach der Diktatur, zur wahren Familie zurückgefunden.

Rund 90 Prozent der ESMA-Häftlinge wurde irgendwann ihre »Verlegung« angekündigt. Diese bestand darin, dass ihnen ein Schlafmittel verpasst wurde und sie hernach entweder im Rahmen eines *asaditos* am Sportplatz verbrannt wurden. Oder man zerrte sie in ein Flugzeug und warf sie aus großer Höhe über dem Río de la Plata oder dem Südatlantik ab.

Die argentinischen Behörden gehen heute davon aus, dass während der Diktatur neben der ESMA 340 geheime Folterzentren in elf Provinzen in Betrieb waren. Mindestens 2500 Personen müssen unmittelbar an den Misshandlungen und Morden beteiligt gewesen sein. Militärs, Polizisten, aber auch Pfarrer wie der katholische Priester Christian von Wernich, der in den Foltersälen dabei war und den Folterern bei ihrer Arbeit den kirchlichen Segen spendete. Häftlinge, die den Folterkammern entkamen und heute in den Prozessen als Zeugen aussagen, werden von ihren ehemaligen Peinigern bedroht oder gleich umgebracht.

Nach einer ersten juristischen Aufarbeitung der Gräueltaten in der ESMA und anderen Folterzentren wurde mit den Schlussstrichgesetzen 1986 und 1987 eine generelle Amnestie erlassen, die bereits verhafteten und verurteilten Chefs der Junta wurden von Präsident Carlos Menem 1990 per Gnadenerlass wieder freigelassen. Die ESMA sollte gesprengt werden.

Dieses offizielle kollektive Vergessen dauerte bis 2003, als unter Präsident Kirchner die Aufarbeitung der Vergangenheit an Priorität gewann und die Amnestiegesetze Schritt für Schritt annuliert wurden.

Im Dezember 2009 wurde Alfredo Astiz und 17 weiteren hochrangigen ESMA-Funktionären aus der Zeit der Diktatur der Prozess gemacht. Astiz verteidigte das Vorgehen der Militärs als »Kampf gegen den Terrorismus« und beklagte, dass ihm ein politischer Prozess gemacht werde: Die Wiederaufnahme der Verfahren komme einem »Staatsstreich« gleich. Mit auf der Anklagebank saß Jorge Acosta, der wegen seiner Grausamkeit auf den Spitznamen *El Tigre* hörte. Er sagte im Verfahren: »Eines der großen Probleme ist, dass wir Menschen haben überleben lassen.«

Julieta bedankt sich für den Besuch. Taschentücher werden gereicht. Führungen wie diese sind bislang die Ausnahme, aber in Zukunft soll die ESMA eine Gedenkstätte werden. Die unterschiedlichen Bürgerrechtsorganisationen sind sich nur noch nicht einig darüber, wie viel Dokumentation, wie viel Erinnerung, wie viel Museum und wie viel Kunst hier entstehen soll.

Identität als Bürgerpflicht?
Geschichte aus Skeletten lesen

Von EZ 215b wissen sie wenig: »Männlich, über 40 Jahre alt – wie so viele«, sagt Luis Fondebrider und beugt sich über das Skelett. Er nimmt das Gebiss in die Hand, hält es in das Licht der Neonröhre an der Decke, kneift die Augen zu einem prüfenden Blick zusammen und legt die Zahnreihe vorsichtig wieder auf die blaue Pappunterlage. »Er hatte gute Zähne, das lässt sich schon mal sagen.«

Noch ist EZ 215b ein namenloses Gerippe. Fondebrider hat es ausgraben lassen auf einem Friedhof in der Hauptstadt und zusammenlegen lassen wie ein Puzzle. Ein Puzzle aus waldpilzbraunen Menschenknochen: hier der Schädel, da die Hände, dort das Becken. Aber wenn Fondebrider und seine Kollegen gute Arbeit leisten, dann wissen sie bald mehr über den Menschen, der EZ 215b war: seinen Namen, sein Todesdatum, wie und wo er umgebracht wurde – und vielleicht sogar von wem.

Luis Fondebrider ist 41 Jahre alt, Enkel litauischer Einwanderer und ein Mann mit traurigen braunen Augen. Er hat Mitte der Achtzigerjahre die argentinische Vereinigung forensischer Anthropologen (EAAF) mitgegründet und leitet sie heute. Er und seine Kollegen lesen aus Knochen Geschichte. Die Wissenschaftler suchen nach Überresten jener, die die Schergen der Diktatur töten und in anonymen Gräbern verscharren oder in den Río de la Plata werfen ließen. Damit die Angehörigen Gewissheit bekommen über den Verbleib ihrer Liebsten. Damit die Verantwortlichen verurteilt werden. Damit die historische Wahrheit ans Licht kommt.

Die Avenida Rivadavia, von der die Porteños gerne behaupten, sie sei die längste Straße der Welt, teilt Buenos Aires in Nord und Süd, in Reich und Arm. Eine Straße mit Sanitätshandlungen, Eisenwarengeschäften, Apotheken. Einige Fenster sind mit Zeitungspapier verklebt, man wartet auf neue Mieter. Ein Kellner balanciert ein Tablett voller Kaffeetassen über den Bürgersteig. Eine Frau in abgewetztem weißem Kittel misst Passanten den Blutdruck, 1 Peso pro Patient. Das ist die Gegenwart.

Die Vergangenheit wohnt in Nummer 2443, einem schlanken weißen Haus. Über die steil gewendelte Holztreppe geht es in den dritten Stock, dort sitzt in einer Altbauwohnung unter hohen Decken Luis Fondebrider.

Er sei damals in den Siebzigern, sagt er, zu jung gewesen, um von der Diktatur viel mitzubekommen. Außerdem war das seine ein unpolitisches Elternhaus, »typische Mittelklasse«. So studierte er Archäologie, um sich mit fremden Welten und Kulturen zu beschäftigen, ganz weit weg und ganz lange vorbei. Bis dann, Anfang 1984 war das, die ersten Richter im demokratischen Argentinien Exhumierungen anordneten. »Da wurde mit Presslufthämmern und Bulldozern gearbeitet, man stopfte Knochen aus verschiedenen Gräbern in dieselben Plastiktüten – völlig unsystematisch, völlig unwissenschaftlich«, so Fondebrider. Man rief US-amerikanische Anthropologen hinzu, die suchten sich zur Unterstützung Studenten aus verwandten Disziplinen: Mediziner, Informatiker und Archäologen wie Fondebrider. So entstand die EAAF.

Im zweiten Stock sind die Arbeitsräume der Organisation. Rechts, am Ende eines Ganges, ein Raum voll hellbrauner Pappkartons, in schmalen Regalen bis unter die Decke gestapelt. »Es sind rund 300«, sagt Fondebrider, »in einem anderen Büro haben wir noch mal so viele, und in Córdoba liegen weitere 400.« Die Kisten sind mit weißen Schildchen beklebt, auf denen stehen Ziffern. Alles Skelette, zu denen das EAAF-Personal noch den Namen und die Geschichte sucht.

Desaparecidos – die Menschen einfach verschwinden lassen: »Das ist das beste Mittel, um Angst zu säen, viel besser, als die Menschen auf offener Straße zu erschießen«, sagt Fondebrider mit tonloser Stimme. »So hält man die Leute in einer Art Fegefeuer, dass sie nie wirklich wissen: Ist mein Sohn, meine Tochter am Leben – oder schon tot?«

Das Ende dieser Ungewissheit liegt in den Skelettkartons. Denn die Forscher haben inzwischen alle möglichen Methoden zur Hand, um die Namenlosen zu identifizieren. Die Diktatur selbst liefert Fondebrider und seinen Kollegen dabei wichtige Hinweise. »Der Staat hat sich damals zweigeteilt: Die eine Seite mordete, die andere registrierte die Toten. Der bürokratische Apparat funktionierte reibungslos, wie bei den Nazis.« Ebenjener Staat, der in Autos ohne Nummernschild

Menschen in geheime Folterzentren und Gefängnisse wie die ESMA verschleppen, foltern und töten ließ, die Presse knebelte und die Öffentlichkeit belog, führte genauestens Buch über seine Morde. Wer wann wen festgenommen und wohin verschleppt und wann ermordet hat: All das ist exakt dokumentiert.

Nach einer Erschießung klingelte normalerweise bei irgendeiner Polizeidienststelle irgendein Telefon, und ein anonymer Anrufer teilte mit, er habe da oder dort eine Leiche gefunden. Die Polizei barg dann die Leiche, nahm Fingerabdrücke, ließ einen Totenschein erstellen und den Toten in einem anonymen Grab verschwinden – und dann im Friedhofsbuch verzeichnen. Heute liegen all diese Unterlagen in unterschiedlichen Archiven unterschiedlicher Behörden und Dienststellen: ein gigantisches Puzzle, das die EAAF in Detektivarbeit zu lösen versucht.

Weil, anders etwa als bei der Aufarbeitung der Apartheid in Südafrika, niemand aus der argentinischen Mordmaschinerie die Taten aufhellen hilft, müssen die EAAF-Forscher die Familien, Freunde und Kollegen der »Verschwundenen« befragen. Je genauer sie wissen, ob und, wenn ja, in welcher Untergrundorganisation die betreffende Person aktiv war, desto einfacher wird die Suche in den Archiven. Seit Ende der Neunzigerjahre arbeiten die Forscher auch mit Verfahren zur DNA-Analyse. Für ihre Blutbank haben sie Tausende Proben von Verwandten der *desaparecidos* gesammelt, um durch Vergleich mit einem Stück Zahn oder einem Splitter Knochen die Identität der Skelette aufzuklären. Wie etwa bei EZ 215b.

Zwei Zimmer neben dem Raum mit den Kisten liegt EZ 215b, aufgebahrt auf blaues Seidenpapier. Das Skelett lag bis vor Kurzem in einem Namenlosgrab auf dem Friedhof von Ezpeleta südlich von Buenos Aires. Mit einem dieser bunten, feinen Plastikbesen und einem dieser Spachtel, wie sie hier im Flur stehen, haben sie die Knochen ausgegraben, anschließend unter dem Wasserhahn gesäubert, getrocknet und dann, Glied für Glied, mit feinem schwarzen Filzstift beschriftet, per Klebepistole zu einem recht vollständigen Gerippe zusammengeleimt und auf dem blauen Papier ausgelegt.

Aus dem Radio kommt Nebenbeimusik, eine Kollegin von Fondebrider sitzt mit krummem Rücken über ein paar Knöchelchen gebeugt. Zur linken Hand eine Lupe, zur rechten eine Messzange, so bestimmt sie die letzten fehlenden Körperteile von EZ 215b. Sie sucht nach Spuren: eine Verletzung vom Fußballspielen am Schienbein vielleicht oder der Einschlag einer Kugel an der Stirn. Nach irgendetwas, das Genaueres über das Leben oder den Tod dieses Menschen erzählen könnte.

Bis heute hat die EAAF 300 dieser Puzzles enträtselt, 300 Todesfälle aufgeklärt. Selbst einige Leichen von Verschwundenen, die die Luftwaffe aus Flugzeugen in den Río de la Plata geworfen hatte, konnte die EAAF identifizieren.»Aber das ist alles noch viel zu wenig«, sagt Fondebrider. Allerdings hält er die von Menschenrechtsorganisationen verbreitete Zahl von 30 000 Verschwundenen für »eine politische Zahl, völlig übertrieben«. Er geht von 10 000 Opfern der Diktatur aus – es bleibt noch eine Menge zu tun.

Das Telefon läutet. Fondebrider lässt durchstellen, Al-Dschasira ist dran: Ja, sie könnten vorbeikommen. Nein, Arbeit in einem Massengrab sei derzeit nicht zu filmen. Die Arbeit der Argentinier ist mittlerweile in aller Welt bekannt. Sie haben in fast ganz Lateinamerika Morde der Militärdiktaturen enthüllt, aber auch in Angola und im Kongo gearbeitet, in Irakisch-Kurdistan und auf dem Balkan, insgesamt in 30 Staaten.

»Wir sind die Referenzorganisation weltweit«, sagt Fondebrider und streicht seine angegrauten Locken zurück, »denn wir sind aus dem Süden. Wenn ich in den Kongo fahre und mich mit der Mutter einer Verschwundenen unterhalte, weiß

ich so ungefähr, wovon die Rede ist.« Europäer oder Nord-
amerikaner hätten da eher eine technisch-nüchterne Heran-
gehensweise. »Sie wissen ja gar nicht, was staatliche Gewalt
heißt. Wie es ist, wenn der Staat mit seiner Maschinerie zerstört, tötet und verheimlicht.« Ebendies mache es den Opfer-
familien so schwer, das Verschwinden ihrer Liebsten seelisch
zu verarbeiten. So sind sie in Fondebriders Team nicht nur
Wissenschaftler in weißem Kittel und mit Gummihandschu-
hen an den Fingern, sie sind auch ein Stück weit Therapeu-
ten.

Vor allem aber wollen sie dazu beitragen, dass die Geschichte
der argentinischen Militärdiktatur aufgeklärt wird. Die Erinnerung an jene Jahre sei noch sehr gespalten, sagt Fondebrider: »Es gab die Guten und die Bösen, für Grau ist kein
Platz.« Ihm aber ist wichtig zu verstehen, dass die Militärs
keine Marsmenschen waren: »Die trinken denselben Wein
wie du, sind für dieselbe Fußballmannschaft, das waren keine
Monster. Die glaubten, mit guten Gründen zu morden – und
genau das muss in Argentinien noch verstanden werden.«

Für jeden Fall ein Heiliger: Argentinien und seine *santos populares*

Im schicken Stadtteil Belgrano im Norden von Buenos Aires stehen häufig Wasserflaschen am Straßenrand.

Wer durch Patagonien fährt, findet an den Straßen immer wieder, im völligen Nichts der südlichen Steppe, ein paar rote Stofffetzen, die an Bäumen angebunden sind oder aus einem Steinhaufen herausflattern und mit roten Kerzen garniert sind – so als hätten Kinder aus Spaß einen Altar gebaut.

An den Busbahnhöfen im ganzen Land, in den Vorortzügen verkaufen fliegende Händler kleine Medaillons und kleine Plastikkärtchen, auf denen häufig ein Skelett mit Sense abgebildet ist oder ein schnauzbärtiger Mann mit langem Haar und blauem Halstuch.

Es geht bei allen drei Phänomenen um dasselbe, die argentinischen Volksheiligen. Denn neben den rund 40 Millionen Einwohnern, die das Land auf Erden bevölkern, hat Argentinien noch ein paar weitere Bewohner: Die Difunta Correa, das ist die mit den Wasserflaschen, der Gauchito Gil, das ist der mit den roten Altären, und San La Muerte, die argentinische Variante des Sensenmannes, leben auch unter ihnen. Die

60

argentinischen Romane, die argentinischen Filme sind häufig in einem Zwischenreich verortet, irgendwo zwischen Realität und Fiktion. Wo niemand genau sagen kann, was nun stimmt und was nicht. Wo letztlich alles ein bisschen wahr ist – und nichts so ganz.

So ist das mit den *santos populares*.

Gefährten in der Not

Die Avenida Corrientes ist die große Straße des Geistes in Buenos Aires. Hier sind die großen Buchhandlungen – sie haben die ganze Nacht lang auf. Die großen Theater, Kinos, ein paar wichtige Cafés. Und selbst in den Seitenstraßen der Corrientes gibt es ein paar *santerías*. Die meisten Heiligenhandlungen aber sind im Süden der Stadt, um die Bahnstation Constitución herum, im weichen Bauch der Stadt, wo sie nicht mehr ganz so weiß ist, nicht mehr ganz so piekfein wie im Barrio Norte. In diesen *santerías* gibt es für jede Lebenssituation einen Talisman, einen kleinen Heiligen vom Dienst, den man sich an die Halskette hängt, in den Geldbeutel legt oder dem Liebsten im Koffer mitgibt. Kleine Zettel geben an, welcher Heilige wofür gut ist: Der eine öffnet Türen, ist gut für das Paarglück, die gute Rückkehr, die Harmonie, den Frieden und die Treue; ein anderer hilft gegen Neid und böse Wünsche; es gibt einen, der Flüche in gute Wünsche umwandelt; einen, der Glück beim Würfeln, ökonomisches Gleichgewicht und neue Kunden verspricht; einen, der gegen Augen- und sonstige Sinnesleiden hilft; und es gibt einen, der gegen rechtliche Probleme schützt. Die Verkäufer in den *santerías* kennen sich aus mit ihren Heiligen, sie stehen auf Wunsch mit Rat beiseite – doch die meisten Kunden wissen schon, was sie suchen und brauchen. Für sich, für den Partner, für die Oma.

Es gibt in den *santerías* auch Bücher über weiße Magie – und auf speziellen Wunsch, als Bückware, auch solche über schwarze Magie. Man kann Bücher kaufen, die die Grundzüge der Hexerei erklären und in denen gelehrt wird, wie man die eigene Zwillingsseele findet. Es gibt gelbe Kerzen, die den Alkoholismus kurieren; weiße, die einen vermaledeiten Ort zu reinigen vermögen; und die schwarzen helfen gegen versteckte Feinde. Man überlegt, ob man vorsichtshalber – die nächste Steuerprüfung kommt bestimmt – welche einpackt, lässt es dann aber doch bleiben.

Im Zentrum der *santerías* stehen jedoch die Heiligen. Mit dem Kanon der Heiligen Katholischen Kirche haben die meisten dieser *santos* nichts zu tun. Die Figuren erinnern eher an Superhelden, wie man sie Kindern schenkt: grell, überzeichnet, kitschig. Die Männer mit riesigen Muskeln, wie Krieger aus Comicfilmen oder Computerspielen. Dracula oder Frankenstein wirken harmlos gegen diese Titanen. Äußerst liebreizend hingegen die Frauen, hübscher als jede Barbie, nur mit sanfteren Kurven.

Der Olymp dieser argentinischen Volksheiligen ist bunt: marienähnliche Figuren wie die Difunta Correa, heilige Banditen wie der Gaucho Lega oder Gauchito Gil, Wunderheiler wie der Pancho Sierra oder charismatische Stars der Populärmusik wie die Gilda.

Und woher kommen diese informellen Heiligen? Die Soziologen sagen, sie seien vor allem ein Produkt der jüngsten wirtschaftlichen Krisen, von den Privatisierungen in den 1990er-Jahren bis hin zum Staatsbankrott 2001 und seinen Folgen. Wenn schon die Lebenswirklichkeit nicht viel Grund zu Hoffnung gibt, dann muss man sich eben mit übernatürlichen Quellen des Heils begnügen. In einem Land, das Bankrott geht, das seine Präsidenten wie durchgebrannte Sicherungen austauscht, ist irgendetwas, an das man glauben kann, schon mal nicht falsch. Auch, sagen andere, dass immer mehr arme, wenig gebildete Menschen aus der Provinz in die Hauptstadt zogen, um hier ihr Glück zu suchen, hat den Heiligenboom verstärkt. Mitzubringen hatten sie wenig – außer ihren Volkspatronen.

Die katholische Kirche andererseits, der offiziell neun von zehn Argentiniern angehören, jene Kirche, die Kondome und voreheleichen Sex verbietet und während der Diktatur gemeinsame Sache mit den Militärs machte, ist in ihrer Lebensferne und Staatsnähe immer weniger Menschen eine feste Burg.

Die argentinischen Volksheiligen haben ganz unterschiedliche Lebensgeschichten, und sie kommen aus unterschiedlichen Teilen des Landes. Aber eines haben sie gemeinsam: Sie sollen eine Heldentat vollbracht haben. Pardon: Sie haben eine Heldentat vollbracht. Denn genau so hat es ja die Uroma der Oma und die Oma der Mutter und die Mutter einem selbst erzählt. Von Mund zu Mund, von Generation zu Generation am Leben gehalten. Kollektive Kreationen, deren Erfindung keinem einzelnen Schriftsteller oder Historiker zugerechnet werden kann.

Die Volksheiligen sind »reale« Personen, die dem Argentinier von heute und seinen Lebensumständen gar nicht so fern sind. Eben keine Heiligen im Sinne des römisch-katholischen Kirchenrechts, die ein unbeflecktes, mustergültiges Heldenleben führten, im Gegenteil: Viele von ihnen lebten am Rande oder jenseits des Gesetzes, von der etablierten Gesellschaft verachtet. So wie sich eben die meisten Anhänger der profanen Heiligen selber sehen. Es sind Figuren, die ein leidvolles Leben oder ein grausamer Tod traf – das immerhin haben sie mit dem christlichen Opferglauben gemeinsam.

Manche von ihnen werden nur – oder wurden ursprünglich nur – in einer Gegend des Landes verehrt, manche haben sich zu Volksheiligen im ganzen Land gemausert. Manche teilt man gar mit anderen lateinamerikanischen Gesellschaften.

Man baut ihnen Altäre daheim oder im Viertel oder an der Straße. Man widmet ihnen Gesänge, Gebete, bringt Opfergaben dar. Man pilgert an die Orte ihres Lebens oder Sterbens – in jährlichen Wallfahrten oder dann, wenn man es eben gerade braucht, für eine schwierige Prüfung oder vor der Eheschließung, oder zur Abwehr einer Krankheit.

Die argentinische Intelligenzija schwankt in ihrer Haltung zu den Volksheiligen: Einerseits kann man sich für das Echte, Volkstümliche an den *santos populares* begeistern. Andererseits macht man sich lustig über das »Opium für das Volk«, das nur bei den abergläubischen, ungebildeten Massen verfange.

Die Amtskirche verurteilt zwar die Götzenanbetung als Aberglauben, aber manche Pfarrer, vor allem die, die Gemeinden nahe kultischer Orte betreuen, haben die Bedeutung der *santos populares* begriffen. Sie integrieren sie in die Messen wie die »offiziellen« Heiligen. Und so mancher hochrangige Kirchenmann kann sich inzwischen dazu durchringen, etwa den Gauchito Gil als »einen Mann, der den Glauben in Gott mehren kann« anzuerkennen, und lässt seine Verehrung als »Weg zum echten Glauben an Gott« durchgehen. Selbst die katholische Kirche erkennt also: Gegen die Volksheiligen kommt sie nicht an. So schaffen es Gauchito Gil & Co. ganz langsam also doch in die Kathedralen. Man betet einen Rosenkranz, ein Ave Maria – und dann noch ein paar Verslein für den Gauchito Gil oder die Difunta Correa.

Aber man betet sie nicht wie gewöhnliche Verstorbene an, denn ein Gauchito Gil oder eine Difunta sind nicht einfach gestorben durch die Grausamkeiten, die man ihnen angetan hat. Nein, durch ihre Leiden sind sie nur purer, reiner geworden, sind nur deshalb in der Lage, auch nach ihrem Tod Wunder zu tun. Es gibt gar keinen Tod für sie, der Tod ist nur der Übergang von der hiesigen, schlechten Welt in ein besseres, gerechteres Argentinien.

Der argentinische Robin Hood: Gauchito Gil

In der Stadt Mercedes in der nordöstlichen Provinz Corrientes wird – es soll im Jahr 1847 gewesen sein – ein Bub namens Antonio Mamerto Gil Núñez geboren. Er wächst auf als Gaucho, als Land- und Rechtloser. Das Mädchen, das er sich aussucht, ist die Schönste weit und breit. Der örtliche Polizeikommissar hatte sich Hoffnungen gemacht, ihre Brüder hatten erwartet, dass sie einen ehrbaren Mann in die Familie bringt – doch sie verschmäht den Polizisten und alle anderen, sie schenkt ihr Herz dem Gil. Gil fordert den Polizisten zum Duell, besiegt ihn, aber lässt ihn leben. Denn er ist kein Mann des Todes, er ist ein Mann des Lebens. Doch ein Polizeikommissar will nicht durch die Gnade eines Ehrlosen am Leben sein, der ihm auch noch die erhoffte Frau abspenstig gemacht hat. Gil verschwindet, die Polizei lässt ihn suchen, denn er ist eine Gefahr für die öffentliche Ordnung.

Er lässt sich anheuern von einem lokalen Caudillo, wie so viele Gauchos, er kämpft im Krieg gegen Paraguay. Und er kämpft, erzählt man sich, nicht schlecht, ja besser als die meisten. Und er heilt die Wunden der Verletzten. Aber als Gil dann auch noch in den Bürgerkrieg soll, Föderalisten gegen Unitaristen, Argentinier gegen Argentinier, Bruder gegen Bruder – da will er nicht kämpfen. Oberst Zalazar will ihn in die Miliz einziehen, aber Gil weigert sich. Ihm sei, sagte er, im Traum eine Erscheinung des Guaraní-Gottes Ñandeyara erschienen, und diese habe ihn gewarnt, dass Brüder im Blute keine Waffen gegeneinander erheben dürften. So desertiert Gil und lebt von nun an in den Wäldern. Der weltlichen Armee hat er den Rücken gekehrt, er kämpft für eine höhere Gerechtigkeit:

Er stiehlt den Reichen das Vieh und teilt es mit den Armen. Doch die Armee heißt nach ihm suchen, ihn in die Stadt bringen, ihm den Prozess machen. Schließlich finden ihn zwei Polizisten. Gil weiß um sein Schicksal und ergibt sich brav. Doch einer der beiden, Velázquez, verehrt den Gil, denn er weiß von seinen guten Werken. Er bittet Oberst Zalazar um Milde für den Gefangenen. Zalazar fordert 20 Zeugen, die mit ihrer Unterschrift die guten Absichten des Häftlings beglaubigen. Velazquez treibt die Unterschriften auf – doch kommt zu spät. Das Recht geht hier so, wie Oberst Zalazar es will – seine Soldaten haben Gil bereits umgebracht. Haben ihn, Kopf nach unten, an einen Baum geknüpft und ihm die Kehle durchgeschnitten. Geschlachtet wie ein Schaf.

Vorher aber hat Gil noch seinem Henker in die Augen gesehen und ihm prophezeit, dass sein Sohn schwer krank werde. Er solle dann für ihn, Gil, beten. Das werde den kranken Buben retten, und Gils Blut wäre nicht umsonst vergossen.

Noch in derselben Nacht liegt der Sohn des Soldaten plötzlich im Sterben. Der Mann kniet nieder, betet für den Gil, den er doch eigenhändig getötet hat – und der Bub ist am nächsten Tag so genesen, wie ihn kein Heilkundiger hätte heilen können.

Das ist das erste Wunder des Gaucho Gil. Seither, glauben seine Anhänger, heilt Gauchito Gil die Kranken, vervielfacht den Wert jeder Münze, die man ihm darbringt, bringt den Armen Brot und *yerba mate*.

Das Rot seines Blutes ist das Rot auf den Fahnen und Tüchern, mit denen man ihn heute verehrt. Aus jenem Baum, an dem man ihn aufknüpfte, an der Ruta Nacional 123 kurz vor Mercedes, ist ein Heiligtum geworden, das Millionen von Menschen Jahr für Jahr aufsuchen. Es gibt dort ganze Säle voller Memorabilia. Plaketten, auf denen der Gauchito um dies gebeten und ihm für jenes gedankt wird. Die vielen Gläubigen machen die Räume so heiß, dass sich die Kerzen biegen.

Besucht wird das Heiligtum das ganze Jahr über. Aber am 8. Januar, dem Geburtstag des Gauchos der Armen, wird in Mercedes in der Kathedrale ihm zu Ehren eine Messe gelesen. Eine Viertelmillion Pilger kommt. Sie kommen gemeinsam, in Bussen. Aber sie kommen auch in *último modelos*, in funkelnigelnagelneuen Autos.

Mittlerweile huldigt man dem Gauchito Gil im ganzen Land, in Ushuaia wie in Salta. Selbst in den hippen Designläden in Palermo Hollywood findet man ihn, auf T-Shirts und auf Armbändern mit Glitzersteinchen. Aus dem Mann mit dem Schnurrbart und dem blauen Halstuch ist auch eine Pop-Ikone geworden.

Vor allem aber ist er ein Mann des Volkes geblieben. Einer, der die Zigaretten und den Wein liebte, deshalb stellt man dem Gauchito Gil an seinen Altären gerne ein Gläschen Malbec hin und opfert eine Zigarette. Man feiert in ihm den Gerechten, der die eigene, die echte Moral lebt und nicht die einer staatlichen Autorität.

Und so ist seine wichtigste Aufgabe der Schutz der Gauner und Ganoven. Ihnen ist Gauchito Gil der Schutzpatron: Bei jedem Handtaschenräuber, den sie schnappt, findet die Polizei ein rotes Fähnchen daheim oder ein kleines Medaillon im Geldbeutel. Und wer ein rechter Einbrecher ist, der zündet vor dem Bruch mit den Komplizen eine Kerze an, eine rote. Auf dass alles gelinge – und danach tun sie es, auf dass sie niemand erwische. Der Gauchito Gil wird's schon richten.

Die Mutter aller Mütter, die Heilige der Keilriemen: la Difunta Correa

Deolinda Correa stammt aus der Provinz San Juan, im Westen Argentiniens. Der Vater: ein Ehrenmann mit politischen Verbindungen und Reichtümern, dessen schöne Tochter bald allen Männern den Kopf verdreht. Der Glückliche, der sie freien darf: ein Pferdezüchter namens Baudilio Bustos. Der Bürgerkrieg ist in den 1840ern in vollem Gange, Unitarier und Föderale kämpfen Mann gegen Mann am Fuß der Anden um die Herrschaft.

Da muss die schöne Deolinda erfahren, dass ihr Mann krank und schwach ist, man hat ihn als Kriegsgeisel genommen und entführt – es waren die Männer des Caudilllos Facundo Quiroga. Sie könnte sich jetzt den Quiroga angeln, einen Mann, der ihr und ihrem Säugling ein Auskommen sichern würde. Doch sie nimmt ihren Buben auf die Arme und geht den Spuren der Entführer nach. Um ihren Mann zu retten oder um seinen Gebeinen wenigstens ein würdiges Begräbnis angedeihen zu lassen.

Im trockenen, verlassenen Vallecito in der Wüste San Juans, ohne einen Schluck Wasser weit und breit – das überlebt ein Mensch nicht. So legt sie sich auf einem kleinen Hügel nieder, dem Pie de Palo, sie legt sich hin zum Sterben, den Sohn in den Armen.

Tage später – das ist das erste, das größte Wunder – finden Maultiertreiber die Leiche der Correa. Und der Säugling lebt! Er hat sich all die Zeit aus der Brust der Mutter nähren können, der Mutter aller Mütter. Sie fand den Tod, aber ihre Brust schenkte dem Sohn noch Leben.

An Ort und Stelle wird die *Difunta* (die »Dahingeschiedene«) begraben, ein einfaches Kreuz stellt man ihr aufs Grab. Ein paar Jahrzehnte später, und das ist das zweite Wunder, zieht ein Flavio Ceballos mit 500 Pferden gen Chile und gerät im Vallecito in ein Unwetter. Im Sturm taucht ein Kreuzlein vor ihm auf, das Kreuz der Correa. Dort kniet er nieder und betet, dass sich keines seiner Tiere verlaufen möge – am nächsten Morgen fehlt kein einziges. Aus Dankbarkeit baut er eine kleine Grotte um das Kreuz und richtet sie mit einem Altärchen ein.

Heute ist aus dem bescheidenen Grabmal ein Dorf geworden, ein Dorf mit bald zwei Dutzend kleinen Kapellen, ein regelrechter Gedenkenskomplex. Es gibt ein Hotel, 100 Pesos die Nacht an Wochentagen, 120 am Wochenende. Und es gibt ein Restaurant, mit Speisekarte im Internet. Hunderttausende von Pilgern ziehen allein in der Osterwoche ins Vallecito, um der Difunta Correa zu huldigen. Aber auch am Nationalen Tag des Fernfahrers kriegt die Difunta Besuch in Massen. Wer ein Transportunternehmen hat, lässt seine neuen LKWs besser von ihr segnen, dann bleiben sie unfallfrei. Mütter beten sie an, damit sie ihren Brüsten Milch gebe für die Kinder. Politiker, die Wahlkampf machen, sind gut beraten, in ihrer Kampagne auch einmal einen fotowirksamen Stopp dort zu machen.

Es gibt Gedichte und Lieder, die man ihr zu Ehren geschrieben hat. Und in den Straßen der Städte stellt man gerne an den Straßenrand ein paar Papierblumen und eine Flasche Wasser, ihr zu Ehren. Damit die arme Difunta, sollte sie einmal vorbeikommen auf dem Weg zu den Armen und Geknechteten, keinen Durst leiden muss.

Die Heilige der Liebe und der Musik: Gilda, die Sängerin

Sie ist die jüngste im Pantheon der argentinischen Volksheiligen. Die Einzige, die das Archaische des Aberglaubens und der Geisteranbetung mit der modernen Massenkultur zusammenbringt. Und sie ist, ohne nun einem Gauchito Gil oder einer Difunta Correa zu nahe treten zu wollen, die Einzige, deren Existenz ziemlich zweifelsfrei erwiesen ist: Miriam Alejandra Bianchi, besser bekannt als Gilda.

Sie ist 1961 in Villa Devoto geboren, dem »Garten der Hauptstadt«, wie der baumreiche Stadtteil im Westen von Buenos Aires heißt. Sie geht auf eine kirchliche Schule, will Lehrerin werden. Als sie 16 ist, stirbt der Vater, sie muss den Haushalt übernehmen. Sie heiratet, bekommt zwei Kinder, zieht sie liebevoll auf – ihren Traum einer Karriere als Sängerin behält sie für sich. Sie steht bei Schulweihnachtsfeiern und auf Kindergeburtstagen auf der Bühne, mehr nicht. Bis sie eines Tages eine Annonce in der Zeitung liest: Sänger gesucht.

Der Komponist und Pianist Tito Giménez bringt sie groß raus. Sie verlässt ihren Mann und teilt fortan mit Tito Bett und Bühne. Ihr Charme und ihre Stimme erobern die Bühnen, sie ist fortan »Gilda« – nach jener männermordenden Figur, die einst Liebesgöttin Rita Hayworth im gleichnamigen Film spielte.

Sie gibt sich als heilige Hure, als verführerischer Engel. Die Oberschicht schaut auf sie herab, so wie sie auf die kolumbianische Cumbia herabschaut, so wie man in Deutschland auf den »Friseusen-Techno« herabschaut. Und die großen Plattenfirmen schauen lange auf sie herab. Aber die Massen verehren sie als die *chica de barrio*, das Mädchen von nebenan. Gilda wird der erste weibliche Popstar in Argentinien. Sie singt Liebeslieder, eines nach dem anderen marschiert an die Spitze der Hitlisten, sie gewinnt Gold, Platin und Doppelplatin für ihre Platten.

Und sie hat, erzählt man sich, übernatürliche Kräfte: Jeder, der sie umarmt, wird gesund; jedes Baby, das sie küsst, bleibt frei von Unglück. Sie bleibt auf Augenhöhe mit dem Volk, die Heilige von Villa Devoto.

Auf ihrer Tour 1996, im Bus mit ihren Bandkollegen, geschieht jener Unfall, bei dem sie ums Leben kommt: Auf Kilometer 129 der »Todesstraße« Nummer 12, die den argentinischen Nordosten mit Paraguay und Brasilien verbindet, prallt ein – brasilianischer!!! – Lastwagen mit dem Tourbus zusammen. Gilda und sechs weitere Passagiere sterben.

Doch der Tod macht sie nur noch größer. Vor allem, als im Straßengraben am Unfallort eine Kassette entdeckt wird, die den Crash wundersamerweise überlebt hat, und auf der Gilda

»No es mi despedida« singt, »Das ist nicht mein Abschied«. Gilda konnte also die Zukunft voraussehen, sogar den eigenen Tod! Und dass sieben Personen starben, um sieben Uhr abends, am siebten September, und dass Gildas Leiche dann auch noch in den Leichensack mit der Nummer sieben gebettet wird – das kann ja wohl kein Zufall sein!

Heute ruhen ihre Gebeine im Grab Nummer 3536 der Galerie 24 auf dem Cementerio de la Chacarita, gar nicht weit von der Grabstätte Gardels. Vor allem aber kommt man heute am siebten September mit Plastikblumen und Musikinstrumenten an ihren Todesort, jenen Schrotthaufen, der einmal ein Autobus war, und betet – in der Hoffnung auf Heilung, auf Arbeit oder auf Erfolg in der Kunst und auf ein bisschen Liebe.

Tricksen, Lügen, Hochstapeln: Der Argentinier und sein Nationalspiel – *Truco*

»In Argentinien gab es nie nur ein Gesetz. Das Gesetz und die Ausnahme sind hier als Zwillinge geboren«, schreibt der linksliberale Journalist Jorge Lanata.

Man tut den Argentiniern wirklich nicht unrecht, wenn man die Behauptung aufstellt, dass sie keine Schweizer sind. Um in der politischen Kultur Argentiniens zu überleben, um in einer Gesellschaft durchzukommen, in der sich die meisten Regeln andauernd ändern und wo für diejenigen, die irgendwo einen Cousin oder Onkel sitzen haben, andere Regeln gelten als für diejenigen ohne Onkel, in so einem Land jedenfalls kommt man als braver, gesetzestreuer Bürger nicht besonders weit. Weit kommt, wer gelernt hat, dass zwei plus zwei zwar durchaus, unter gewissen Umständen, wenn sonst nichts und niemand dagegenspricht, vier ergeben kann – aber auch fünf, neun oder fünfzehn. Weit kommt, kurzum, wer die Regeln des *truco* kennt. Jenes Kartenspieles, das jedes Kind lernt, bevor es in die Schule kommt, und das noch die alten Opas spielen, bevor ihnen die Demenz das letzte Fünkchen Verstand geraubt hat.

»Im Truco«, schreibt Lanata, »kann der Argentinier die Realität erfinden oder zurechtbiegen. El Truco ist das einzige Spiel, das dem Argentinier erlaubt, so in der Welt zu sein, wie er sein will.« Fiktion und Realität verschwimmen im Truco. Sieger wird nicht der, der die besten Karten hat. Sondern der, der glaubt, er habe die besten Karten, genauer gesagt: der die anderen glauben machen kann, er habe die besten Karten. Das Spiel hängt mehr vom Spieler ab als vom unabänderlichen Wert der Regeln und der Spielkarten. Der Bluff, die tollkühne Wette, die Lüge, das Täuschen des Gegners und die geheime Absprache mit dem eigenen Mann, sie sind viel wichtiger als die korrekte Anwendung der Regeln. Die Rationalität hat Pause beim Truco, sie wird einfach ausgeklammert und muss der Fabel, dem Mut und der Illusion weichen. Der Argentinier kann im Truco der objektiven, kartesianischen Realität nicht nur eine eigene entgegensetzen, er kann, ja er muss sie auch noch für die eigentliche halten – und dem Gegenüber als echt verkaufen. Und während man am Pokertisch still dasitzt, keine Miene verzieht und grübelt, wird beim Truco palavert, gewitzelt und geratscht – auch und besonders, um den Gegner abzulenken und in die Falle zu locken.

Die *viveza criolla* ist ein unübersetzbares, urargentinisches Konzept. Eine Variante der bayerischen Hinterfotzigkeit. Ein Mix von Charaktereigenschaften, auf die der Argentinier an sich selbst stolz ist und die er am anderen kritisiert, eine Mischung aus Gewieft- und Gerissenheit, verbunden mit Humor und Unschuldsmiene. Bettelnde Kinder etwa, die aus den *villas*, den Elendsvierteln von Buenos Aires, stammen, schaffen es oft, den Touristen weiszumachen, sie seien Waisen aus dem Kosovo – ist auch *viveza criolla*. Im Truco findet und erlernt sich die *viveza criolla* in Reinform.

Worum also geht's? Seinen Ursprung hat Truco in einem arabischen Spiel, die Mauren haben es nach Spanien gebracht, dort taufte man es *truque* oder *truquiflor* – nach einem altportugiesischen Wort für »Falle«. Ein Bischof schreibt 1780, das weitverbreitete Spiel sei »der Untergang der Stadt, da um bis zu 20 000 Pesos zwischen Nachbarn gespielt wird; selbst Buben und Mädchen im zartesten Alter geben sich den verbotenen Spielen hin und bitten die eigenen Eltern um Geld dafür«. Das Spiel wird 1812 verboten, per Erlass von Präsident Rivadavia, und bleibt bis Ende des 19. Jahrhunderts illegal. Aber ein Spiel verbieten, in dem es ums Bescheißen geht, in Argentinien? Nein, das kann nicht klappen. Und so ist Truco bis heute das Nationalspiel. Immerhin wird inzwischen meistens um Bohnen, Streichhölzer oder Striche auf dem Papier gespielt, und nicht mehr um Tausende von Pesos.

Wir wollen die Regeln hier nicht erklären, das würde den Rahmen sprengen. Denn sie sind ungefähr so ausführlich wie die Anleitung zum Bau eines Atomkraftwerkes. In aller Kürze also die Essentials: In der Regel sitzen vier Spieler am Tisch, wobei die Spielpartner einander gegenübersitzen. Es gibt vierzig Karten in vier Farben, wer als Erstes 30 Punkte hat, hat gewonnen.

Man muss genau hinschauen und genau hinhören beim Truco: Wird der Einsatz erhöht, gilt nur *quiero* als korrekte Antwort, »ich will«. *Dale* (»in Ordnung«), *vale* (»gilt«) oder *bueno* (»gut«), im sonstigen Leben Synonyme, gelten hier nicht. Sie werden aber gerne genannt, um den Gegner zu verwirren. Jedes Kind lernt, in den Ferien am Strand, *turco* oder *tuco* statt dem eigentlich korrekten *truco* zu krähen, Falschansagen also, die fast richtig klingen – aber eben haarscharf daran vorbei sind. Oder aber mit Unschuldsmiene zu fragen: »Haben die anderen gerade wirklich *envido* gesagt?« Das gilt dann als Wetterhöhung, was die andere Spielpartei als Fehler ansehen kann, woraufhin sie erhöht – und damit in die Falle geht ... Oder sie nuscheln *envidio* (»ich beneide dich«) statt *envido* oder *falta un vidrio* (»ein Fenster fehlt«) statt *falta envido*.

Nicht nur mit Wörtern wird im Truco gesprochen, das Spiel hat ein ganz eigenes Vokabular aus Grimassen entworfen, die von Region zu Region unterschiedlich und von Truco-Paar zu Truco-Paar verschieden ausfallen können. Ein paar Klassiker gibt es aber doch, um dem Gegenüber die eigenen Karten zu signalisieren: Drei Schwerter – man beißt sich auf die Lippen. Zwei Schwerter – ein angedeuteter Kuss. Ein Pokal – der Mund steht offen. Sieben Goldmünzen – der linke Mundwinkel zuckt. Sieben Schwerter – der rechte Mundwinkel zuckt. Wer das alles nach zwei, drei, vier Bier und ein paar Fernet Colas noch auseinanderhalten kann und dann auch noch zu unterscheiden weiß: »Zeigt der Partner mir das wirklich an oder nur scheinbar mir, um den Gegner zu täuschen?« Wer also im Truco den Nebel zwischen Realität und Fiktion mit all seinen Untiefen zu durchblicken vermag – um den muss man sich keine Sorgen machen, der kommt auch ansonsten in Argentinien gut zurecht.

Argentinische Ortsbesichtigungen – von Iguazú bis kurz vor den Südpol

Argentinien ist das achtgrößte Land der Erde, das zweitgrößte in Südamerika. Es hat den höchsten Berg der Erde außerhalb Asiens auf seinem Staatsgebiet stehen, und es hat von Wüsten und Gletschern, Vulkanen und Fjorden, Tropenwäldern und Seen, von den Grasweiden der Pampa bis hin zu den Steppen Patagoniens so ziemlich alles auf Lager, was dieser Planet zu bieten hat.

Man kann also nach Argentinien kommen, um in Buenos Aires Tango zu tanzen, um den Südpol zu erforschen, um einige der schwierigsten Berge der Welt zu ersteigen, um sich durch die Weinberge zu trinken oder um sich in der Pampa vom Pferd abwerfen zu lassen.

Sehen wir uns ein paar dieser Orte genauer an.

Weiter geht's (fast) nicht: Ushuaia ist das Ende der Welt. Glaubt man zumindest in Ushuaia

»Die Einwohner dieser offensichtlich kinderlosen Stadt hatten blau angelaufene Gesichter und warfen Fremden unfreundliche Blicke zu. Die Männer arbeiteten in einer Krabbenkonservenfabrik oder in einer der Marinewerkstätten, die ein durch irgendeine Lappalie ausgelöster kalter Krieg mit Chile in Betrieb hielt. Das letzte Haus vor der Kaserne war das Bordell, in dessen Garten schädelweiße Kohlköpfe wuchsen. Eine Frau mit geschminktem Gesicht leerte gerade einen Mülleimer aus, als ich vorbeiging. Sie trug einen schwarzen chinesischen Schal um die Schultern, der mit anilinrosa Päonien bestickt war. ›Qué tal?‹ fragte sie und schenkte mir das einzige aufrichtige, freundliche Lächeln, das ich in Ushuaia gesehen habe ... Ich verließ Ushuaia, wie man einen Ort verlässt, an dem man nicht begraben sein möchte ...« (Bruce Chatwin, In Patagonien. Reisen in ein fernes Land).

Fängt oben, im Norden, alles an? Hört unten, im Süden, alles auf? Oder könnte es nicht anders herum sein? »Fin del mundo, principio de todo«, heißt es in großen weißen Buchstaben, hingepinselt an die Hafenmole von Ushuaia: »Das Ende der Welt, der Anfang von allem.«

Das Ende der Welt fängt an bei der Präfektur und hört kurz dahinter auf: Das sind jene 14 Häuserblöcke, die die San-Martín-Straße ausmachen, die Ost-West-Achse von Ushuaia. Die Straße, in der man so ziemlich alles bekommt, was man braucht für ein Leben in Argentiniens südlichster Stadt: Essen, Kleidung, Glühbirnen, eine Internetverbindung, einen Stadtplan. Die San Martín ist die Hauptschlagader von Ushuaia. Und die einzige Straße, die Hunderttausende von Kreuzfahrttouristen jede Saison zu sehen bekommen. Sie tragen dicke Jacken in Rot, Gelb, Blau. Signalfarben, damit sie nicht plötzlich verloren gehen, an Bord oder hier an Land. Hinter den Ohren haben sie kleine runde Pflaster kleben – gegen die Seekrankheit. Seit der Abwertung des Pesos 2002 kostet Argentinien nur noch ein Drittel so viel wie vorher. Seitdem ist die Stadt – oder genauer gesagt: die San Martín – voll von Menschen in bunten, dicken Jacken. Sie stellen sich gerne vor diese Schilderbäume, wie sie an jeder zweiten Straßenecke in Ushuaia stehen, knipsen voneinander Erinnerungsfotos. Ein Holzpfeil nach links: Buenos Aires, 2344 km. Einer nach rechts: Shanghai 17 260 km. Berlin: 14 105 km. Nordpol: 16 007 km.

Weit weg von allem, ja, das ist Ushuaia. Die Behauptung allerdings, Ushuaia sei die südlichste Stadt der Welt, ist eine dreiste. Was ist mit Stanley, auf den Falklands oder Malvinas? Was ist mit Puerto Williams, direkt gegenüber am chilenischen Ufer des Beagle-Kanals und auch näher am Pol als Ushuaia? Argentiniern ist das egal. Für sie existiert ihr Land nur im Superlativ: das beste Fleisch; der größte Staatsbankrott; der beste Fußballspieler aller Zeiten. Und so ist eben Ushuaia die südlichste Stadt der Welt. Das Postamt, der Golfplatz, die Pizzeria und so weiter: alle die südlichsten der Welt. Also fragt man sich: Fühlt sich das hier nach Ende an? Man sucht in der Umgebung nach Orten und findet zum Beispiel den Marcial-Gletscher. Ein paar Kilometer oberhalb der San Martín streckt er Ushuaia seine eisig blaue Zunge entgegen. Ein guter Ort, um die Arme zu verschränken. Über den Trubel in dieser Spielzeugstadt – denn so sieht sie aus von hier – hinwegsehen, hinausschauen in den Beagle-Kanal. Schwarz wie Altöl das Wasser, darüber fedrige Wolken. Und ganz hinten, Richtung Südost, da verabschiedet sich der Beagle-Kanal in den Dunst. Und tatsächlich hat man dann das Gefühl: Da franst gewaltig was aus, da geht was zu Ende, da kommt nichts mehr, da könnte man vielleicht – wer weiß das denn so genau – runterfallen. Der Blick von oben offenbart das Hingewürfelte dieser Stadt, dieses Vorläufige und Lieblose. Auf der Maipú, der einzigen Straße auf Meeresniveau, haben sie praktischerweise gleich drei Plazas nebeneinander angelegt: den Platz der nationalen Gendarmerie; den des ersten Präfekten; und – eine gigantische Landkarte aus Betonplatte – den zu Ehren des Malvinas-Krieges. Sparsam, nüchtern, nützlich ist hier die Architektur. Skelette aus Holz, drüber und drumherum Wellblech, steile Dächer gegen den Schnee – so baut man hier Häuser. Angepinselt in grellem Rot, Gelb, Blau, so ähnlich wie die Jacken der Kreuzfahrttouristen. Je nachdem, aus welchem Farbpott das jeweils im Hafen liegende Schiff gerade etwas übrig hatte. Ein Windfang oder eine verzierte Rosette im Dachgiebel: Das ist schon Luxus hier, am Ende der Welt. Selbst die Kirche, Nuestra Señora de la Merced, hat so gar nichts von südamerikanischem Sakralpomp. Auch sie ein Wellblechbau, ein sparsames, nüchternes Gotteshäuschen. Wie eine Puritanerkirche in Neuengland. Das Schöne und das Musische haben es schwer am Ende der Welt. »Es gibt hier nichts, keine schönen Orte, kein Kino«, sagt Joaquin Cófreces, ein Radiomoderator mit kahl rasiertem Schädel und verzotteltem Pullover am Leib. »Du verdienst hier mehr als anderswo – aber dafür lebst du am Arsch der Welt.«

Bruce Chatwin hat das einst ähnlich empfunden, nur etwas druckreifer formuliert: »Ich verließ Ushuaia, wie man einen Ort verlässt, an dem man nicht begraben sein möchte.« Cófreces ist ein Kulturmensch, einer der gerne Cortázar zitiert und Borges. Er leidet unter Ushuaia, er leidet an der Gesichtslosigkeit dieser Stadt, ja von ganz Feuerland: Es gibt keinen Dialekt, den man hier und nur hier spräche; keine Lieder, die man hier sänge. Kein Kochrezept, kein Fußballstar, keine Popband aus Feuerland, die man kennen würde auf dem *continente*, dem argentinischen Festland. Nicht mal Witze erzählt man sich über die Feuerländer. Ein Volk ohne Identität. Ushuaia ist eine Art argentinisches Sibirien. 1884 als Strafkolonie gegründet, hatte die Stadt eigentlich nur einen Zweck: da sein und die argentinische Flagge hochhalten gegen mögliche Expansionsgelüste der Chilenen. »Gobernar es poblar«, »Regieren heißt bevölkern« – darum ging es. Schließlich ist Ushuaia der einzige Ort in Argentinien, dem nicht die Anden den verhassten chilenischen Nachbarn vom Leib halten.

Aus einem Gefängnis für Schwerstverbrecher ist die Stadt einst entstanden, ein Knast ist ihr Herz – auch er nur ein paar Schritte weit weg von der San Martín. Ein grimmiges Bauwerk, mit einschüchternd dicken Mauern. Heute ist es ein Museum, das die Betreiber mit merklicher Lust am Grusel eingerichtet haben: links in einer Zelle aus Fiberglas die Figur des »Telefonistenmörders«; und rechts, stehend, mit ausgebreiteten Armen und irrsinnigem Blick, die Nachbildung von Mateo Banks, »El Mítico«, einem anderen prominenten Insassen: Drei Brüdern, vier Schwägerinnen, zwei Nichten und zwei nicht verwandten Arbeitern streute er 1922 Strychnin ins Essen und brachte so seine ganze Sippschaft um. 20 Jahre saß er hier. Mit bis zu 600 anderen Häftlingen, in Zellen jeweils 1,93 auf 1,93 Meter. Der Gefängnisdirektor hatte hier mehr zu sagen, hatte mehr Männer unter Waffen, gab die pompöseren Empfänge als der jeweilige Gouverneur. Wachpersonal, Handwerker, Hafenverwaltung: Das waren die Berufe, um die herum sich Ushuaia einst organisierte, das waren die Pioniere. Aus Familien wie der von Victória Padín, geboren 1943 als Tochter eines Basken. Der war 1919 hierhergekommen, weil er gehört hatte von der gut bezahlten Arbeit als Gefängniswärter – und holte bald Frau und Kinder nach. Padín ist eine Frau, der das Lachen und das Leben viele Falten ins Gesicht gegraben haben. Sie erzählt von den alten Zeiten, wie alte Menschen eben erzählen: schmunzelnd über alte Anekdoten, kopfschüttelnd über die Jugend von heute – und stolz darauf, dass sie sich nie hat unterkriegen lassen. Nicht vom Schnee, nicht von der Dunkelheit, nicht von der Einsamkeit. Alle sechs Monate, erinnert sie sich, kam damals ein Schiff vorbei. Wenn die Eltern Kleidung aus dem Katalog bestellten, mussten sie vorsorglich immer eine, zwei Nummern größer angeben – bis zur Lieferung waren die Kinder ja wieder gewachsen. Strom hatte damals nur das Gefängnis, »aber wir hatten einen guten Draht zum Pfarrer, der gab uns immer Kerzenreste, so hatten wir wenigstens Licht«. Erinnerungen aus dem 20. Jahrhundert – sie klingen wie aus dem 19.

Importiert die Waren und auch die Menschen. So war das immer in Ushuaia. Als »Einheimischer« gilt hier schon, wer seit zehn Jahren da ist. Die Stadt ist, sagen sie, eine große *ensalada rusa*, ein Mischmasch: Erst kamen die Engländer, zur Missionierung. Dann kamen die Chilenen, zum Schafescheren. Dann die Jugoslawen, zur Holzverarbeitung. Dann die Italiener, mitsamt komplett verpackter Chemiefabrik. Und jetzt kommen sie vor allem aus Bolivien – die bauen die Hotels. Jorge Mejía, zum Beispiel, aus der bolivianischen Tiefebene. Er arbeitet für eine Baufirma, fährt Taxi und macht auch sonst alles, was gerade so anfällt. »Wir arbeiten hier noch richtig. Die Argentinier, die schaffen ja nicht mehr als acht Stunden. Dann müssen sie wieder schlafen und essen.« Was den USA ihr Wilder Westen war, ist Argentinien Ushuaia. Ein Ort, an dem sich jeder seines Glückes Schmied glaubt. Wo hart gearbeitet wird und hart getrunken. Ein Amerika in Amerika.

Es weht eine Goldgräberstimmung durch Ushuaia, ein neuer Pioniergeist. Die Touristen bringen Geld in die Stadt, zehn bis zwölf neue Hotels werden eigentlich immer gleichzeitig gebaut. Schafft es die Stadtverwaltung mal, einen Bebauungsplan aufzustellen, ist er nach zwei, drei Jahren reif fürs Altpapier. Denn Ushuaia explodiert: 10 000 Einwohner waren es 1980, weit über 60 000 müssten es jetzt sein. Aber wie viele Menschen genau in Ushuaia wohnen, das weiß nicht einmal der Bürgermeister. Nur eines wissen alle: Es sind immer mehr. Das heißt immer mehr Autos, immer mehr Straßen, immer mehr Häuser. Eines schaut nach Südwest, das nächste nach Nordost, von den typischen Planquadraten lateinamerikanischer Städte keine Spur. Immer mehr Stromausfälle, immer mehr Abwässer, für die es keine Kläranlage gibt. Aus Duschköpfen und Hähnen tröpfelt das Wasser nur noch – zu schwach ist der Druck in den Leitungen. Früh aufstehen, lange arbeiten – und nächstes Weihnachten mit einem größeren Auto bei den Verwandten in der Heimat vorfahren: So tickt man hier. Miguel, der Taxifahrer mit dem braunen Indio-Gesicht, kommt aus Salta, im Norden Argentiniens, nahe der Grenze zu Bolivien. Dort ist es warm. Seit 20 Jahren lebt er hier, hier ist es kalt. Aber er hat sich angepasst: »Hitze ist gut für den Urlaub, aber nicht gut zum Arbeiten. Kälte ist gut zum Arbeiten!«

Wie müsste wohl das Wetter sein am Ende der Welt? Es muss so sein wie in Ushuaia. Die vier Jahreszeiten passen hier bequem in eine Stunde, es fegen manchmal vier Tiefdruckausläufer am Tag über Ushuaia. Wer gerade die Sonnenbrille aus der Tasche gefingert hat, dem peitscht im nächsten Moment Schneeregen ins Gesicht. Wer gerade den Reißverschluss hochgezogen hat gegen die Böen, die durch die Straßen hetzen wie Halbstarke auf aufgemotzten Mofas, schwitzt eine Minute später unter einem unschuldig-blau strahlenden Himmel. Ushuaia ist einer der wenigen Orte auf der Südhalbkugel, wo die Einheimischen den Bürgersteig nehmen, auf dem die Sonne scheint – wenn sie denn mal scheint. Alles ist hier extrem. Sechs Stunden scheint die Sonne im Winter, im polaren Sommer ist es 20 Stunden lang hell. Und das dann auch noch, aus Sicht der Alten Welt, verkehrt herum. So gesehen hatten die vorneuzeitlichen Theoretiker der *Terra Australis* gar nicht so unrecht mit ihren Behauptungen, es gebe im Süden ein Land, da die Bäume aus der Luft in den Boden wachsen, die Fische fliegen und die Menschen auf dem Kopf leben, ja eigentlich alles auf dem Kopf steht.

Aber die Bäume wachsen auch hier von unten nach oben, und die Menschen gehen auch hier mit den Füßen auf der Erde. Das Städtchen ist so argentinisch, wie es nur sein kann: Es werden Empanadas und Pizza verkauft, am Wochenende oder nach Feierabend oder auch bei sonst jeder Gelegenheit trifft man sich auf einen Asado. Und im Fernsehen laufen die Staumeldungen der Avenida 9 de Julio in Buenos Aires.

Im Büro von Tourismusdirektor Julio Lovece, natürlich auch auf der San Martín, hängt an der Wand eine Tafel mit kleinen Schiffchen, aus Holz ausgesägt und bunt angemalt: Das sind die Schiffe, die hier Tag für Tag einlaufen – die *Shokalsky*, die *Discovery*, die *Golden Princess*, die *Hanseatic*, die *Aleksey Maryshev*. Ankunft meistens in der Früh um sieben oder acht, Leinen los am Nachmittag. Der Stadt bleiben also nur jene paar Stunden, in denen den Touristen die Geldbörsen locker sitzen, sie sind für Ushuaia derzeit die Haupteinnahmequelle. Das will Lovece ändern. Er arbeitet gerade einen Strategieplan aus, für den Tourismus in Ushuaia im 21. Jahrhundert. Vieles müsse besser werden, sagt er, die Infrastruktur, die Hotels, die Flugpläne. Auch müsse man aus dem Geschäft mit der Kreuzfahrtsaison herauskommen und ganzjährig Touristen anlocken. Deshalb hat man jetzt eine Kunstbiennale veranstaltet, ein Klassikfestival, auch ein Filmfest soll es geben. Alles ist recht, um in der Zeit zwischen der Kreuzfahrtsaison (November bis März) und den kurzen argentinischen Winterferien (Juli/August) die Betten oder zumindest die Läden ein wenig voller zu bekommen. Vor allem aber müsse der Service besser werden und die Umwelt dürfe durch den Fremdenverkehr nicht weiter vor die Hunde gehen, findet Lovece: »Die Leute sollen hier finden, was sie suchen! Denn wer ans Ende der Welt kommt, soll auch zufrieden wieder weggehen.«

Pioniere mit Yogastudio und Bioladen:
Das Bergsteigerdörfchen El Chaltén

»Da steht plötzlich, gespensterhaft anzusehen, ein Ungetüm zum Greifen nahe, links neben mir. Wallende Nebel und Wolkenschleier umbrausen es wie im Zorn, durch Dunst und Wolken und Sturm kann ich Gletscher und Zinnen erkennen – dieses Ungeheuer gibt es nur einmal auf der Welt, es ist der gewaltige Gebirgsstock des Cerro Paine, der mich damals vor drei Jahren in seinen Bann gezogen hatte! Zornbebend, wohl ob der Frechheit des kleinen Menschen, der hergekommen ist, ihn zu bezwingen und ihm die Geheimnisse hinter seinem breiten Rücken zu entreißen, steht er da und sendet mir seine gewaltigen Fallböen. Stumm grüße ich zu dem Recken hinüber, ich weiß, er wird kämpfen, solange er kämpfen kann, bald werden wir miteinander ringen!«

So schrieb der deutsche Flugpionier Gunther Plüschow, in Argentinien viel bekannter als in seinem Heimatland, in seinem Buch *Silberkondor über Feuerland* (1929) über die patagonische Bergwelt.

Wir kommen von Osten, aus der patagonischen Steppe. Nicht die übliche Anreiseroute nach El Chaltén, aber die beste. Denn so bauen sich die Berge ganz langsam vor der Windschutzscheibe auf, in Zeitlupe: Erst schiebt sich der Horizont Kilometer für Kilometer ein kleines bisschen weiter nach oben. Dann erkennt man die ersten wilden Zacken. Schließlich, im letzten Licht der untergehenden Sonne, drängen sich Berge am Ende der Schotterstraße in die Windschutzscheibe, so rau und so gewaltig, dass man den Busfahrer verflucht für den Latinoschmalz, den er aus dem Radio dudeln lässt. Man würde jetzt gerne etwas der Erhabenheit des Anblickes Angemessenes hören, ab Wagner aufwärts. Andererseits: Der Busfahrer fährt diese Strecke jeden Tag. Er hat Feierabend und will heim. Was brächte ihm da Wagner?

Im Bus hängt ein Schild, auf Englisch: »Please do not take off your shoes.« Das ist an die Bergsteiger gerichtet, die nach dem Ende des teuren Peso 2002 das Dörfchen El Chaltén in Beschlag genommen haben. Und die nach ihren Expeditionen auf den Fitz Roy oder den Cerro Torre, nach Wochen in Zelten und modrigen Klamotten gar nicht mehr wissen, wie frisch gewaschene Socken riechen.

Angefangen hat es in El Chaltén mit einer Polizeistation. Ein paar Gendarmen und eine Straßenmeisterei sollten dafür garantieren, dass sich der Chilene – von Westen her kommend – nicht einfach dieses Stück argentinische Erde unter den Nagel reißt. Am 12. Oktober 1985, es war ein Samstag, wurde die Stadt gegründet, und zwar auf 49 Grad, 19 Minuten und 47 Sekunden südlicher Breite und 72 Grad, 53 Minuten, 15 Sekunden westlicher Länge, Departamento Lago Argentino, Provincia Santa Cruz. Im Stadtwappen, so wurde es bestimmt, hat auf der linken Seite ein Eiskristall zu stehen, Symbol des Schnees und der ewigen Gletscher, auf der rechten – vor nachtblauem Himmel – das Kreuz des Südens, darüber eine aufgehende Sonne, in Gold. 41 Einwohner zählte das nationale Statistikamt 1991, 371 waren es bei der letzten Volkszählung 2001. Inzwischen dürfte es ein Fünf- bis Zehnfaches an Menschen sein, die hier leben.

Die Pioniere in Ushuaia Anfang des 20. Jahrhunderts bekamen alle paar Monate mal ein Schiff vorbeigeschickt. Die Pioniere in El Chaltén Anfang des 21. Jahrhunderts haben drahtloses Internet, Kabelfernsehen per Satellit, ein Yogastudio und Sojaschnitzel aus dem Bioladen. Wer will da noch am Fortschritt zweifeln?

Hatte man Ushuaia wenigstens zu Beginn der Besiedlung nach einem Plan aufgebaut, geht in El Chaltén von Anfang an alles durcheinander: Kein Stil, kein Raster hat sich durchgesetzt. Manche Häuser schauen nach Westen, andere nach Osten. Manche sehen aus wie Berghütten, andere haben Flachdächer, bei wieder anderen ist der Dachgiebel bis zum Boden durchgezogen.

Die Besitzerin des Bioladens ist diese Saison aus Buenos Aires hergekommen, mit ihrem Freund lebt sie in einem Wohnwagen hinter einem unverputzten Ziegelhäuschen. Im Haus wohnt die ältere Schwester, sie ist schon länger in El Chaltén. Doch an dem Ofen, in dem sie das Vollkornbrot backen, darf auch die jüngere sich an kalten Tagen wärmen. Als wären sie hier auf Montage, an einem Ort, der niemals Heimat sein kann.

Nicht weit vom Bioladen gibt es eine Chocolaterie, außerdem eine kleine Designboutique. Die Ankunft und regelmäßige Bestückung des ersten Geldautomaten – das muss 2008 gewesen sein, doch so genau weiß das keiner mehr – war ein weiterer großer Schritt in der Entwicklung des Städtchens. El Chaltén, einst als Vorposten zur Sicherung des Territoriums der Republik Argentinien gegründet, ist ein Touristenstädtchen geworden. Viele, die in der Gastronomie arbeiten, haben sich sogar ein internationales Weichspülerspanisch zugelegt: Sie verzichten auf das argentinische *vos* und reden die Touristen mit dem klassisch-spanischen *tu* an.

Die Menschen kommen aber nicht wegen des Geldautomaten her und nicht wegen der Sojaschnitzel. Es sind die Berge, die sie herlocken, der Fitz Roy und der Cerro Torre als die größten und wildesten und bekanntesten unter ihnen. Wer als Bergsteiger von Welt heute etwas gelten will, sei es ein Ueli Steck oder seien es die Huber-Buam, der muss hier gewesen sein und ein paar dieser wilden Granitzacken auf seiner bergsteigerischen To-do-Liste abgearbeitet haben.

Dazu muss er vor allem erst mal mit dem patagonischen Wetter zurechtkommen.

Der Wind, dieser verdammte, verfluchte Wind. Er ist so etwas wie die Hauptattraktion Patagoniens. Er biegt die Bäume krumm nach Osten, er drückt die Autotüren zu, er pfeift, er heult, er rauscht, von früh bis spät, er macht sich so breit er kann. Windgeschwindigkeiten von 120 km/h sind hier üblich. Die Winde entstehen auf hoher See: Da es zwischen 40. und 60. Breitengrad – im Seglerjargon zwischen den »Brüllenden Vierzigern« und den »Kreischenden Sechzigern« – ansonsten keine nennenswerten Landmassen gibt, peitschen sich die Winde über dem Ozean auf und fallen dann ungebremst über den kleinen patagonischen Landzipfel her.

Die Seeleute der Ostindien-Kompanie machten sich diese Westwinddrift zunutze und entdeckten neue Wege von Afrika nach Indonesien, Weltumsegler nutzen sie, um auf diesen Breiten voranzukommen. Und alle paar Jahre verkündet ein anderer Unternehmer, er werde den verfluchten patagonischen Wind zu Gold machen, aus Argentinien mittels Windkraft ein Kuwait des 21. Jahrhunderts schaffen, und dass der patagonische Wind ausreiche, um ganz Lateinamerika mit Energie zu versorgen.

Doch für die Bergsteiger ist der Wind einfach nur die Pest. Leichte Kletterer müssen Angst haben, dass der Wind – wie ein übermütiger Onkel einen kleinen Säugling – einfach in die Luft wirbelt. Und dann fallen lässt, wo es ihm gerade einfällt.

Wir kämpfen gegen den Wind an und steigen hoch zur Laguna Torre.

In den Wäldern graues Totholz, abgestorbene oder von Wind oder Schnee abgeknickte Bäume. Sie stehen, sie liegen, sie hängen, sie fallen nach links und nach rechts. Hier ist nichts gekämmt und gegelt wie in den Alpenwäldern, alles viel wilder und größer. Selbst der Löwenzahn wirkt hier wie aus *Jurassic Parc*.

Ein paar amerikanische Wandertouristen kämpfen sich mit dicken Oberschenkeln und Armen den Weg hinauf zur Laguna. »How great, how wonderful«, sagen sie an jedem zweiten Baum, wenn sie schwer schnaufend, mit roten Köpfen, einhalten und Rast machen müssen, weil ihre Bürokörper solch extreme Belastungen nicht gewohnt sind. Mit offenem Mund starren sie den Trupp Tschechen an, junge drahtige Kerle, die übermannsgroße Rucksäcke auf ihren Schultern tragen, als wären es Schulränzchen. Die Lippen, das Kinn, alles an ihnen ist sonnenverbrannt, und ausgemergelt sehen sie aus. Doch sie strahlen, wie man nur strahlen kann, wenn man etwas Großes geschafft hat.

Sie werden also irgendwo da oben gewesen sein, am Cerro Torre oder am Fitz Roy. Und sie haben es heil heruntergeschafft. Sie hatten Glück, sie hatten ein gutes Wetterfenster erwischt. Denn schaut man jetzt hinauf auf den Fitz Roy, dann weiß das Wetter mal wieder nicht, was es will: Regen, Schnee, Sonne, Wolken, alles in einem. Wie ein Kind, das gleichzeitig lacht und schreit und heult. Nur der Wind, der pfeift beständig.

Das *Campo de Hielo Patagónico Sur*, das Südpatagonische Eisfeld, ist nach der Antarktis und Grönland die drittgrößte Eismasse auf der Erde. Es ist ungefähr so groß wie Schleswig-Holstein, der größte Teil davon liegt heute auf chilenischem Staatsgebiet. Das Eisfeld ist größtenteils völlig unpassierbar. Und abgesehen von ein paar ersten Fotoaufnahmen, die der deutsche Flugpionier Gunther Plüschow in den Zwanzigerjahren aus seinem Doppeldecker geschossen hatte, wusste man bis in die 1960er-Jahre so gut wie gar nichts darüber. Seither versucht der Mensch, auch diese Eiswüste für sich zu kartografieren, zu benennen – und ihre Berge zu besteigen.

»Das Problem einer Besteigung gibt es am Cerro Torre nicht. Allein der Gedanke an einen Versuch wäre irre. Lächerlich.« Ein Expeditionsarzt am Fitz Roy schrieb das 1952. Und tatsächlich galt der Cerro Torre lange Zeit als undenkbarer Gipfel.

Schon wer ihn sieht, diese aberwitzige Zacke von Berg, bekommt Ehrfurcht. Nicht mal ein übermütiges Kind würde sich trauen, so eine Art von Berg überhaupt zu malen, so kühn, so aggressiv reckt sich diese Granitnadel in den Himmel. Eine Art steingewordener Mittelfinger. Ein Berg, wie von einem zugekoksten Requisitenarchitekten in einem Hollywoodstudio entworfen. »Nie habe ich einen solchen Berg gesehen«, sagt der Italiener Walter Bonatti, einer der ganz Großen in der Bergsteigergeschichte, »so kühn in der Gestalt, so gewaltig und so unversöhnlich abwesend.« Dieser Cerro Torre macht den Bergsteigern Angst. Und gerade deshalb zieht er sie an. Attraktiv und unzugänglich – das Marilyn-Monroe-Phänomen. Und so ist der Cerro Torre der Berg, um den gestritten wurde wie um keinen anderen in der Geschichte des Kletterns.

Es ist nicht die Höhe, die den Berg so schwierig macht: 3128 Meter, kaum mehr als die Zugspitze. Aber das Wetter: Winde mit 200 km/h, die einen leichten Kletterer senkrecht in die Luft blasen und einem die Zelte zerfetzen. Schönwettertage? Einer auf 25 schlechte, das ist hier so ungefähr die Quote. Wer nach El Chaltén reist, dem kann es passieren, dass er den Berg sechs Wochen lang überhaupt nicht zu Gesicht bekommt, weil er ständig in Schnee und Wolken steckt. Nur der Südwind fegt den Himmel frei. Reinhold Messner schreibt: »Bergsteigen am Fitz Roy oder am Cerro Torre ist etwas anderes als das Große-Wände-Bergsteigen an den Achttausendern im Himalaja: schwieriger, unberechenbarer, das Wetter viel schlechter.« Das Wetter hier auf 1000 Metern ähnelt dem in den Westalpen auf 3000.

Es gibt außerdem keine Sherpas in Patagonien: Schleppen, kochen, das Lager in Schuss halten, das müssen alles die Bergsteiger selbst erledigen. Erstbegehungen im Alpinstil gibt es fast nicht in Patagonien, die Bedingungen sind dafür zu extrem. Über Monate hinweg hängen die Bergsteiger in kurzen Schönwetterfenstern Fixseile in die Wände, damit sie dann am Tag X, wenn alles so halbwegs passt, so schnell wie möglich auf den Gipfel preschen können – und dann gleich wieder runter, um dem nächsten Sturm zu entkommen.

Wir schreiben das Jahr 1958. Der Mount Everest und die anderen höchsten Achttausender sind längst erstbestiegen, die Nose im Yosemite Valley ist erstbegangen, an der Nordwand der Großen Zinne ist die Diretissima gemeistert – man muss sich also schon etwas überlegen, um mit einer großen alpinistischen Heldentat in die Geschichte einzugehen.

Cesare Maestri aus Trient, die »Spinne der Dolomiten«, gilt zwar als einer der besten Kletterer der Welt. Aber bei den großen Expeditionen im Himalaja ist er nicht dabei gewesen. Wenn er schon keinen der höchsten Gipfel für sich bekommt, dann will er wenigstens den schwierigsten. Den Cerro Torre.

Zusammen mit dem Bozener Toni Egger macht er sich Ende 1958 auf, um den Berg, diesen unmöglichen Berg, zu bezwingen. Ende Januar 1959 macht Cesare Maestri angeblich den Cerro, über die Nordwand. Sein Kamerad, sagt er, sei im Abstieg von einer Eislawine begraben worden, mitsamt der Kamera, die das Gipfelfoto enthielt. Eine der letzten großen bergsteigerischen Heldentaten, denkt man damals, ist vollbracht. Wenn auch um den Preis eines Menschenlebens.

Doch die Maestri-Egger-Route bleibt unauffindbar und unwiederholbar. Die Fragezeichen werden größer, und über die Jahre werden aus ihnen erhebliche Zweifel – bis kaum noch jemand an Maestris Gipfelsieg von 1959 glaubt.

Um seine Besteigung unter Beweis zu stellen, klettert Maestri im Juni 1970 erneut auf den Cerro, bewaffnet mit einem 180 Kilogramm schweren Kompressor. Er setzt einen Haken nach dem anderen, Meter für Meter, er zwingt den Berg mit aller Gewalt in die Knie. Am 2. Dezember steht er »oben«, behauptet er zumindest. Denn den Eispilz, der auf dem Gipfel sitzt, besteigt er nicht, der werde, sagt Maestri, ja sowieso irgendwann weggeblasen. Beim Abstieg hinterlässt er eine Spur der Verwüstung, schlägt einen Bohrhaken nach dem anderen wieder kaputt. So schnell soll ihm die »Kompressorroute« keiner nachmachen.

Aber die Zweifel an seiner Erstbesteigung hat Maestri damit eher genährt als entkräftet. Denn erstens ist unter Bergsteigern ein Gipfel ein Gipfel, also der höchste Punkt. Und zweitens besteigt man einen Berg nicht in einer solchen Materialschlacht, wie er das mit seiner Kompressorroute getan hat.

Ein Stabhochspringer von heute springt etwa anderthalb Meter höher als seine Vorgänger vor 50 Jahren, ein Marathonläufer läuft fast 15 Minuten schneller. Aber die Spitzenkletterer mit Ausrüstung und Techniken von heute, mit Satellitenbergwetterprognose aus dem fernen Europa scheitern noch heute regelmäßig daran, Maestris angebliche Route von 1959 zu finden oder gar nachzuklettern. Man findet keine Haken, keine Depots, keine Lager. Die Nordwand ist bis zu 90 Grad steil, schwieriges Mixed-Gelände, das ständig zwischen Fels und Eis wechselt, wo der Kletterer immer wieder die Steigeisen an- und Kletterschuhe ausziehen muss – und umgekehrt.

Für Reinhold Messner steht die Sache fest: Er hat die Wetteraufzeichnungen von damals studiert (Regen, Wind, Schnee), er hat mit ehemaligen Bergkameraden Maestris gesprochen sowie mit heutigen Cerro-Torre-Bezwingern, er hat sogar die Pickel analysiert, mit denen man damals gestiegen ist. Und er kommt zu dem Schluss: »Der Cerro Torre ist ein Weltwunder; die Expedition 1959 bleibt ein Bergmärchen... Der Torre 1959 war unmöglich.«

Heute gilt Casimiro Ferrari als Erstbesteiger, er schaffte es mit drei Kameraden 1974 auf den Gipfel. Seither vergeht keine Saison, in der nicht immer neuere, immer wildere Routen und Besteigungsvarianten versucht werden. Nur der Wind, der wird immer der gleiche bleiben wie zu Maestris Zeiten.

Wo die Großen Wasser rauschen

Als wären sie ihm böse. Als hätte er sie schlecht behandelt, ihnen etwas angetan. So grölen und heulen und zischen die Wasserfälle, als Carlos mit festem Tritt über das Metallgitter an den Rand des »Teufelsschlundes« geht. Er wischt sich, es ist ja schließlich kurz nach sieben, ein bisschen Schlaf aus dem Gesicht. Er schiebt sich, es geht schließlich ums Vaterland, seinen grauen Filzhut in den Nacken. Faltet die blau-weiß-blaue Argentinien-Fahne auseinander, klemmt sie an das Drahtseil, zieht sie hoch durch die Nebelschwaden, bis sie ganz oben am Mast im Wind flackert. Der Hut kann wieder auf den Kopf, die Touristen können kommen, der Tag kann losgehen. Die Wasserfälle von Iguazú sind wieder mal eröffnet.

»Arme Niagaras!« Das soll die amerikanische Präsidentengattin Eleanor Roosevelt einst gerufen haben, als sie die gewaltigen Fälle an der argentinisch-brasilianischen Grenze besuchte. In bis zu 300 Fällen, je nach Jahreszeit und Wetter, stürzt, tröpfelt, gischtet, rauscht, fließt, reißt hier das Wasser in die Tiefe – eine der größten Touristenattraktionen Südamerikas. Damit das alles auch so bleibt, gibt es einen Nationalpark Iguazú und Ranger. Männer wie Carlos Opitz.

30 Jahre alt, blonde Haare, Dreitagebart, Brille: Carlos ist der jüngste von zwei Dutzend Parkaufsehern in Iguazú. Er lehnt am Geländer der Teufelsschlucht, blickt noch einmal hinab in die Gischt. Bis zu 20 000 Kubikmeter Wasser stürzen hier jede Sekunde in die Tiefe, 80 Meter weit, am Tag ist das ein halber Starnberger See. »Unglaublich, oder? Mich beeindruckt es immer noch jeden Tag«, sagt Carlos Opitz.

Ein erster Kontrollrundgang, bevor die Touristen kommen. Vorbei am Bosetti-Fall – hier fließt das Wasser breit und ruhig und weiß, wie eine Gardine. Ein paar Schritte weiter der San-Martín-Fall, der größte: ein dünner, quirliger Schwall, gleich einem losgelassenen Gartenschlauch spritzt es mal nach hier, mal nach da. Etwas schlaff der Eva-Fall: Wie aus einer Dachrinne plätschert es zu Boden. »Es hat nicht viel geregnet, und die Brasilianer haben am Oberlauf die Schleusen aufgemacht«, sagt Carlos, als wolle er sich entschuldigen. Im Hintergrund das dumpfe Grollen von Hunderten anderer Wasserkaskaden – wer zählt die Tropfen, wer die Regenbögen? Man kommt sich vor wie in einem Gemälde Caspar David Friedrichs: groß die Natur, klein der Mensch.

Die Guaraní-Indianer glauben, dass der eifersüchtige Schlangengott M'Boi die Wasserfälle schuf: Am Ufer des Iguazú – des »Großen Wassers« – lebte die schöne Häuptlingstochter Naipí. Sie liebte Tarobá, den tapfersten Krieger ihres Stammes, war aber dem Gott M'Boi versprochen. Da flohen Naipí und Tarobá in einem Kanu auf dem Iguazú, der damals noch ganz ruhig dahinfloss. Doch M'boi erwachte und bemerkte die Flucht. Wütend spannte er seine Muskeln und wirbelte das Wasser so auf, dass der Fluss nie mehr zur Ruhe kommen sollte. Unter seinen gewaltigen Schlägen brach das Felsenbett ein, und das Wasser stürzte in die Tiefe: Kein Boot konnte mehr über diese Schwelle fahren. Naipí wurde sofort in einen Felsblock verwandelt, über den zur Strafe die Wassermengen tobten. Ihr Geliebter ist seither eine Palme. Am Rand des Flusses steht er, auf ewig dazu verdammt, zuzusehen, wie die Geliebte vom herabstürzenden Wasser gepeinigt wird. Niemals werden sie zueinander kommen können.

Etwas langweiliger, aber dafür weniger grausam ist die Version der Erdwissenschaftler: Sie meinen, dass die Fälle vor rund zwei Millionen Jahren entstanden, als sich die Flüsse Iguazú und Paraná vereinigten und sich nach und nach in immer neuen Verzweigungen durch das Gestein in die Tiefe frästen. Der Basaltdeckel, auf dem die Fälle liegen, ist aus Vulkaneruptionen vor rund 150 Millionen Jahren entstanden, er erstreckt sich von Südbrasilien über Paraguay und Uruguay bis nach Nordost-Argentinien und ist damit – auf einer Fläche, ungefähr so groß wie Ägypten – das größte Lavaplateau der Erde.

Das müsste Parkwächter Carlos eigentlich gefallen, denn für Superlative sind Argentinier immer zu haben. Doch für Fragen nach dem Warumwoherwieso hat er jetzt keine Zeit. Er bückt sich hier nach einer Plastiktüte, da nach einem Fetzen Filmverpackung. Es soll alles schön sein, das will man ja als Parkwächter. Er rüttelt probehalber an einem Geländer: alle Schrauben fest. »Schon lange kein Selbstmörder mehr da«, murmelt er. Sein Spanisch klingt mehr gesungen als gesprochen – typisch Córdoba, Argentiniens zweitgrößte Stadt, da kommt er her. Den deutschen Nachnamen hat ihm der Großvater vererbt, »aber ich habe auch spanisch-italienisches Blut in meinen Adern. Die argentinische Standardmischung.«

Von drüben läutet die kleine Bimmelbahn, sie spuckt den ersten Touristenschwall des Tages aus. Sie sind gierig auf den Anblick der Fälle, Kameras baumeln ihnen an Hals oder Handgelenk, da trifft es sich gut, dass ein Parkranger da ist – der kann gleich mit aufs Bild. Oder mal kurz draufdrücken, hier, oben links, stellt von selbst scharf, ganz einfach.

Carlos macht sich einen Spaß draus, Touristen schon von Weitem zu klassifizieren, wie ein Vogelkundler. Statt auf Gesang und Gefieder achtet er auf Kleidung und Kameras: Die da, mit der teuren Spiegelreflex und der Funktionshose – das müssen Deutsche sein. Die zwei Frauen in greller Neonkluft? Todsicher Brasilianerinnen. Der Mann dort, ausgerüstet wie Indiana Jones, besser als jeder Parkwächter? Ein Australier. »Und die da, mit ihrer Baumwollhose und ihrer Pappkamera, das ist bestimmt eine Argentinierin«, sagt Carlos.

Er muss eigentlich mehr auf die Menschen aufpassen als auf den Park. »Dabei« – ein Seufzer – »wäre ich am liebsten den ganzen Tag allein in freier Natur.« In der Früh, im Moment vor der Parköffnung, und abends, wenn alles wieder zu ist – da ist er am liebsten hier.

In 100 Jahren, vermuten Geologen, wird man Männer wie Carlos Opitz gar nicht mehr brauchen – oder nur noch sehr viel weniger. Denn das Wasser reißt ständig Schlamm, Sand und Kies mit sich und treibt all das Material in die Spalten der eigentlich stahlharten Basaltblöcke. So verwittern die Fälle immer schneller, sodass bald ein einziger riesiger Schlund all die kleinen Seitenfälle aufgefressen haben wird – und damit auch die Wege, Geländer und Aussichtsplateaus für die Touristen.

Sechs Millionen Menschen drängeln sich jedes Jahr im Nationalpark Iguazú, genauer gesagt: in den beiden Nationalparks auf der argentinischen und auf der brasilianischen Seite. Dort, bei den Brasilianern, hebt alle paar Minuten ein Sightseeing-Helikopter für die besonders Zahlungskräftigen unter den Touristen ab. Es gibt Hochseilgärten und Schlauchbootfahrten für diejenigen, denen die Grandezza der Natur nicht ausreicht, die noch eine Schippe Adrenalin obendrauf brauchen.

Jetzt, wo der Rummel begonnen hat, setzt sich Parkwächter Opitz erst mal in seinen Landrover und fährt zur Rangerhütte. Papierkram machen. Die anderen Parkwächter haben heißes Wasser aufgesetzt, ein Becher mit Matetee macht die Runde. Carlos schlürft seinen Morgentrank in einem Zug weg. Er überfliegt den Dienstplan, füllt ein paar Formulare aus, im Hintergrund krächzt das Funkgerät. Am schwarzen Brett hängt ein Zettel: »Achtung, Pseudo-Touristenführer macht die Runde. Atila, Brasilianer.«

Polizei im Park: Das ist auch so eine der Ranger-Aufgaben. Wer sich im Nationalpark mit den Gesetzen anlegt, legt sich mit Carlos Opitz an. Zwei Prozent des argentinischen Staatsgebietes sind Nationalparks, sagt er, »halb so viel wie in zivilisierten Ländern – also müssen wir doppelt aufpassen«.

Die Grenze zwischen Argentinien und Brasilien läuft mitten durch die Fälle, mitten durch den Teufelsschlund. Auch

Ciudad del Este in Paraguay ist nicht weit – ein Schmuggler-nest, in dem von illegalen CDs bis hin zu Containern voll von Maschinengewehren so ziemlich alles zu haben ist. Amerika-nische Geheimdienste gehen davon aus, dass sich im Bereich der *Triple Frontera*, des Dreiländerecks, eine Art All-Star-Team des internationalen Terrorismus eingerichtet hat, von Hisbol-lah über Islamischer Dschihad bis hin zu al-Qaida-Männern, die an der Planung der Anschläge auf das World Trade Center 2001 beteiligt waren. Von hier aus, heißt es, würden interna-tionale Geldströme fließen, die niemand kontrollieren könne. Amerikanische Behörden behaupten, dass mit dem Schmug-gel von Zigaretten, Elektronikartikeln, Videospielen, DVDs etc. islamistische Terroristen ihre Anschläge finanzieren. In einem Bericht des amerikanischen Kongresses steht, dass jähr-lich Schwarzgeld in der Höhe von etwa sechs Milliarden Dol-lar in der Gegend gewaschen wird – immerhin das National-einkommen eines kleinen afrikanischen Landes. »Jeden Abend fahren ein Dutzend bewaffnete Lastwagen, voll mit gewa-schenem Geld, von Ciudad del Este nach Foz do Iguaçu, der brasilianischen Stadt auf der anderen Seite der Grenze«, steht in dem US-Dossier. Das FBI schickte 2002 erste Agen-ten in die Gegend, nachdem man in den Bunkerhöhlen von al-Qaida-Kämpfern in Afghanistan Poster von den Iguazú-Fällen an den Wänden gefunden hatte. Und 2006 entsand-ten die USA rund 400 Soldaten in die Region, angeblich um den nationalen Truppen die Terrorismusbekämpfung beizu-bringen, und zwar unter diplomatischer Immunität. Außer-dem haben die Anrainerstaaten – auf amerikanischen Druck hin – ein Komitee zur gemeinsamen Überwachung des Drei-länderecks gegründet.

Die meisten Argentinier allerdings sehen die Sache so: Die al-Qaida-Connection ist eine amerikanische Räuberpis-tole. In Wahrheit geht es Washington um etwas ganz anderes. Nämlich um die strategische Kontrolle des *acuífero guaraní*, des riesigen, unterirdischen Süßwasserreservoirs der Region. Die Amerikaner wollten unter dem Vorwand der Terrorismusbekämpfung das *acuífero* anzapfen und damit die eigene Wasserversorgung sichern.

All das aber ist große Politik. Und mit der will Carlos, der Parkwächter, nichts zu schaffen haben.

Giftgrüne Farne, gelbe Palmblätter, schwarze Baumstümpfe, braune Lianen. Aufwärts, abwärts, rückwärts, seitwärts – überall sprießt es. Der Wind raunt durch die Kronen. Hier, ein paar Hundert Meter tief im Regenwald, ist das Rauschen der Wasserfälle eher zu ahnen als zu hören. Carlos und seine Kollegen Juan, José und Luciano säbeln sich mit Macheten durch das Unterholz. Im Regenwald nach dem Rechten sehen. Ob sich nicht wieder mal Wilderer eingeschlichen haben, auf der Suche nach Palmherzen. »2000 Bäume haben die in den letzten Jahren geschlagen. Aber die meisten von ihnen konnten wir festnehmen«, sagt Carlos Opitz. Sieben Pesos, keine zwei Euro, bekommen die Baummörder pro Palmenherz. Sie landen dann in den feinen Restaurants von Buenos Aires, auch gleich hier, in den Edelabsteigen nahe den Wasserfällen, werden sie als Delikatesse in den Salat geschnippelt.

Aber die Abschreckung durch die Parkaufseher funktioniert offenbar: Es finden sich keine frischen Spuren von Palmenklau. Rank wie eine Kompanie von Gardeoffizieren stehen die Palmen um eine Lichtung, neongrün leuchtend die Kronen, unterarmdick die Stämme. Zeit für eine Pause, die Ranger hocken sich nieder auf einen schrundigen alten Baumstamm. Einer hat Kekse dabei, ein anderer eine Thermoskanne. Der Matebecher macht die Runde, man erzählt sich Anekdoten von Ameisenbissen und von Riesenspinnen im Rucksack, von Wilddieben und von illegalen Sojabauern. »Es gab hier mal eine Million Quadratkilometer Regenwald – jetzt gibt es noch 60 000«, sagt Carlos Opitz. Und der Rest? Abgeholzt, abgebrannt, in Farmland umgepflügt.

Dienstschluss, es geht zurück zur Rangerhütte. Der brasilianische Touristenschwindler ist gefasst, besondere Vorkommnisse: keine. Eine französische Schulklasse marschiert vorbei: »Ein Kilometer zu Fuß, das strengt an, / ein Kilometer, das geht auf die So-ho-ho-len. / Zwei Kilometer zu Fuß, das strengt an ...« Bald sind sie bei 33 Kilometern angekommen. Die Schatten sind lang, die Erdpisten glühen rot. Carlos blinzelt in die Sonne und gibt zum Abschied, ganz argentinisch, ein Küsschen auf die linke Wange. Im Hintergrund rauscht das Wasser.

Ein Saudi-Arabien mit Pinguinen?
Die Malvinas, Traum und Trauma

Unteroffizier Ramón López dachte: Mal wieder eine Übung. Oder mal wieder Stress mit Walfängern oder mit der chilenischen Küstenwache. So dachten die meisten seiner Kameraden, als sie plötzlich auf ihr Schiff befohlen wurden. Erst auf hoher See, als der Kapitän die Kriegsflagge hissen ließ und die argentinische Nationalhymne anstimmte, da wusste Marineinfantrist López: Jetzt geht es um mehr. Um die höchste nationale Sache, um nicht weniger ging es an jenem letzten Märzsonntag 1982: um die Rückeroberung der Malvinas-Inseln aus der Hand der britischen Besatzer. »Wir waren begeistert, euphorisch«, sagt López.

Fast drei Jahrzehnte später sitzt López in einem Souterrain in Ushuaia. Er ist 57, sein Haar ist inzwischen weiß, sein Körper, der Körper eines Elitesoldaten, ein wenig birnenhaft. Er erinnert an einen Joachim Fuchsberger, der sich schlecht gehalten hat. Durch das Fenster in seinem Büro sieht Ramón López die Beine der Touristen vorbeilaufen. Hin und wieder kommt einer seiner alten Kameraden durch die Türe und fragt um Rat. Ihn, den von der Regierung entsandten Leiter der örtlichen Kriegsveteranenhilfe. Aber meistens sitzt López allein hier. Im Rücken die Fotos der Gefallenen. Im Kopf die Erinnerungen.

In der Nacht auf den 2. April ging es los. López und seine Männer von der Kommandoeinheit 40.1.3 waren aus ihrer Kaserne nahe Buenos Aires in den Süden verschifft worden – nach Port Stanley, wie die Briten sagen; nach Puerto Argentino, wie die Argentinier sagen. Um elf Uhr nachts ging der Einsatz los, Codename *Operación Rosario*. Der Auftrag: den Gouverneurspalast und die Kaserne der Royal Marines einnehmen, die argentinische Flagge hissen, die »Falklands« wieder zu den »Malvinas« machen – und dann an die Nachhut vom Heer übergeben, alles ganz unblutig. López und sein Trupp stürmten zuerst an Land, und alles ging glatt: »Wir hatten die Hosen voll vor Angst. Und es durfte ja keinem Engländer ein Haar gekrümmt werden, wegen des internationalen Echos. Nur einschüchtern und rückerobern. Und das hat geklappt.«

Das Büro von López ist voll von Malvinas-Karten. 1500 Kilometer westlich von Ushuaia gelegen, sehen die Hauptinseln aus wie zwei missglückte Pfannkuchen. Ein paar Tausend Schafe gab es dort und ein paar Hundert Einwohner. »Als würden sich zwei Glatzköpfe um einen Kamm zanken«, schrieb Jorge Luis Borges über den Zwist um die Inseln. Aber so dachte 1982 kaum jemand. Und so denken auch heute nur die wenigsten.

»Las Malvinas son Argentinas«, »Die Malvinas sind argentinisch« – dieser Kampfspruch steht im ganzen Land an den Hauswänden, auf Schildern, an den Grenzübergängen. »Malvinas Argentinas« heißen Stadtviertel, Straßen und Fußballstadien im ganzen Land. Der landesweite Wetterbericht zeigt ganz selbstverständlich die Temperaturangaben für Puerto Argentino / Port Stanley, die Hauptstadt der Inselgruppe.

Argentinien begründet den Anspruch auf die Malvinas so: Das Land habe die Inseln 1816 mit der Abnabelung von Spanien geerbt, welches sie wiederum von Piraten aus Saint Malo übernommen habe – als die »Îles Malouines«. Tatsächlich schickte das junge Argentinien bald Fregatten in den Südatlantik, im November 1820 wehte die erste blau-weiß-blaue Fahne auf den Inseln. Die Bevölkerung sei bis zur Vertreibung durch die Briten 1833 argentinisch gewesen.

»Wir tun das, was jedes europäische Land auch tun würde: Wir reklamieren – vernünftig aber bestimmt – das, was wir als das Unsrige ansehen«, sagt Jorge Argüello, Chef des außenpolitischen Ausschusses im argentinischen Unterhaus.

Das Vereinigte Königreich argumentiert, es sei zuerst da gewesen, die Inselbevölkerung sei britischer Abstammung. Zur Untermauerung des Arguments sind heute noch rund 1000 Soldaten auf der Insel stationiert. Über eine praktische Annäherung in allen möglichen Bereichen könne man mit London reden, aber nicht über Fragen der Souveränität. Über die hätten nur die *kelpers* zu entscheiden, die Insulaner.

Präsident Carlos Menem bemühte sich Anfang der Neunzigerjahre sogar mit Winnie the Pooh um sie: Teddybären, Weihnachtsgrußkarten und ähnliche Geschenke aus Buenos Aires sollten die Inselbewohner zur Loslösung von Großbritannien und zur Vereinigung mit Argentinien bringen – vergeblich. Nachdem diese »Verführungspolitik« nichts brachte, setzte man sich irgendwann mit London an einen Tisch. Man einigte sich auf ein Denkmal für die argentinischen Gefallenen auf den Inseln, auf Flugrouten, auf eine gemeinsame Fischereikommission. Pragmatische Verbesserungen, die allen das Leben leichter machen sollten. Eine argentinische Art der Annäherung durch Wandel.

Aber immer, wenn es Buenos Aires politisch in den Kram passt, wenn Wahlen anstehen, dann macht man mit den Malvinas außenpolitisch wieder Krawall.

Der argentinische Vertreter beim Sonderkomitee der Vereinten Nationen zur Entkolonialisierung in New York lässt dann mal wieder den Tagesordnungspunkt »Malvinas / Falklands« aufrufen. Und verfasst eine Resolution, in der gefordert wird, Argentinien und das Vereinigte Königreich mögen sich doch bitte auf eine Lösung der Inselfrage verständigen. Oder er verfasst eine Resolution, in der bedauert wird, dass sich die Gespräche zwischen Argentinien und dem Vereinigten Königreich in der Inselfrage verzögert haben. Oder er verfasst eine Resolution, die die äußerste Dringlichkeit zur Verständigung zwischen Argentinien und dem Vereinigten Königreich betreffs der Lösung der Inselfrage unterstreicht. Im Prinzip ist es jedes Jahr dieselbe Nummer mit immer demselben Ergebnis. Mit dem einzigen Unterschied, dass darin einmal nur von der »Falklands-Frage« und das nächste Mal von der »Falklands/Malvinas-Frage« die Rede ist. Die Vertreter der argentinischen Regierung erklären jedes Mal, die britische Souveränität über die Inseln sei ein Bruch des internationalen Völkerrechts und ein Verstoß gegen die Menschenrechte. Die Briten verweisen auf das Selbstbestimmungsrecht der Falkländer. Und die Vertreter der Falkländer argumentieren dann, dass sie sich a) nicht als unterjochte britische Kolonie verstehen und dass sie b) bittebittebitte nicht zu Argentinien gehören wollen.

Der Fall wird dann auf das nächste Jahr vertagt, in dem dann wieder eine Resolution verfasst wird, in der…

Dass die argentinische Politik sich in der Substanz längst mit den Falklands arrangiert hat, spielt gar keine Rolle. Denn wenn wieder eine Wahl oder ein Fußballspiel Argentinien-England ansteht, lässt sich mit dem Thema wieder punkten. Oder wenn von neuen Ölvorkommen die Rede ist.

Dann lässt die argentinische Regierung plötzlich Schiffe aufhalten, die zwischen Argentinien und den Malvinas verkehren. Dann werden die Direktflüge wieder eingestellt und die argentinischen Wissenschaftler aus der binationalen Fischereikommission abgezogen.

Probebohrungen, die Ende der Neunzigerjahre gemacht wurden, lassen Ölvorkommen vermuten. Aber wie viel dort wirklich zu holen ist und vor allem um welchen Preis, ob also aus den Inseln eine Art Saudi-Arabien mit Pinguinen werden kann – das weiß bisher niemand. Die Inseln haben durch den Fischfang das Pro-Kopf-Einkommen des argentinischen Festlandes längst überholt. Und seine eigenen Öl- und Gasreserven hat Argentinien so erschöpft, dass in Buenos Aires immer wieder der Strom ausfällt und die Regierung dazu aufruft, den Gebrauch von Klimaanlagen einzuschränken. Da kämen ein paar Ölfelder eigentlich gerade recht.

Aber Unteroffizier López zog damals nicht für die Klimaanlagen in den Krieg, es ging um die nationale Sache.

Sechs Jahre zuvor hatten die Militärs sich an die Macht geputscht. Hatten Schriftsteller, Journalisten, Künstler zu Zehntausenden gefangen genommen, gefoltert und ihre Leichen in den Río de la Plata werfen lassen. Hatten die Wirtschaft stranguliert, bis die Menschen auf die Straße gingen, demonstrierten, unter Lebensgefahr. Da kamen die Generäle auf die Idee, die nationale Karte zu spielen; dem eigenen Volk zu zeigen, wer Herr ist im Südatlantik. »Die Regierung war ganz schön in Bedrängnis«, erinnert sich Ramón López. »Vor unserer Aktion waren die Massen wütend, demonstrierten auf der Plaza de Mayo.« Am Tag nach der Invasion stürmte das Volk wieder auf die Plaza. Aber diesmal fahnenschwenkend, jubelnd, stolz. Wie nach einer gewonnenen Fußball-WM. Das ganze Land brach in Freudendemonstrationen aus.

Nur wollte sich ausgerechnet Margaret Thatcher nicht ausgerechnet von einer südamerikanischen Junta mit Sonnenbrillen, Schnurrbärten und Folterkellern ausgerechnet die Falklands entreißen lassen. Einen Archipel, den die Briten seit 1690 für sich reklamieren. Und der der britischen Navy als

Stützpunkt stets gelegen kam. Also holte sich Thatcher Rückhalt bei Ronald Reagan, bei den benachbarten Chilenen, in der UNO. Und schickte Atom-U-Boote, Flugzeugträger, Kampfjets, zur Rückeroberung.

Bei Ramón Lopez klingelt die Türglocke, es ist der Sandwichmann: »Huhn, Schinken, Käse?« Lopez schüttelt mit dem Kopf, fasst sich an den Bauch. »Bin auf Diät!« Er saugt dafür schlürfend an seinem Metall-Strohhalm und trinkt seinen Mate.

»Wir hätten gewinnen können«, zischt es aus López hervor. »Die Briten hatten ihre Schiffe schlecht gewartet, die Raketen trafen nicht.« Aber die meisten von López' Kameraden waren Wehrdienstleistende. 18-jährige Milchbubis, noch nie Schnee gesehen, ohne anständige Winterparkas, ohne Stiefel, ohne Essen. Sie hungerten sich durch die Tage, froren sich durch die Nächte, misshandelt von den Offizieren der Militärdiktatur. Der Krieg: ein leichtes Spiel für die Briten. »Außerdem: Die Amis und die Chilenen, die stellten ihnen ja alles zur Verfügung, Satelliten, Stützpunkte, alles«, sagt López. »Die haben uns verraten.«

Für López persönlich war es – wenn man das so sagen kann – ein erfolgreicher Krieg. Man schickte ihn auf eine Spezialmission nach der anderen, Brücken sprengen, feindliche Flugzeuge sabotieren, ausspionieren, solche Sachen. Hernach gab es Tapferkeitsmedaillen und Orden für ihn. Aber die Inseln, die bekam Argentinien nicht zurück. Zu stark die britische Übermacht. Abgesehen von der Luftwaffe und ein paar vereinzelten Heereseinheiten brach das argentinische Militär zusammen wie eine Armee aus Pappmaschee. Es fielen 649 Argentinier, am 14. Juni winkte man mit weißen Fahnen und zog sich zurück.

Die Generäle hatten erst demonstriert, dass sie kein Land führen konnten. Dann, dass sie keine Wirtschaft führen konnten. Und schließlich, dass sie keinen Krieg führen konnten.

Die schmähliche Niederlage im Südatlantik war der Sargnagel für die Junta.

Als López und seine Kameraden heimkamen, geschlagen, ausgehungert, dezimiert, wollte sie keiner empfangen: keine Konfetti-Paraden, keine Begrüßungsplakate. Sie waren Loser. Eine nationale Schande, an die man nicht erinnert werden wollte. »Die Regierung hatte uns uns einfach vergessen. Es gab nichts, keine finanziellen Hilfen, keine Renten, keine Arbeit, keine psychologische Betreuung, nichts«, sagt López.

Depression, Scheidung, Arbeitslosigkeit: Inzwischen haben sich mehr Veteranen umgebracht, als auf den Inseln gefallen sind. »Einerseits«, sagt Edgardo Esteban, selbst Veteran und Autor eines Filmes über den Krieg, »war die Armee nie bereit, ihre Fehler einzugestehen, und hat uns Wehrpflichtigen die Schuld an der Niederlage in die Schuhe geschoben. Andererseits hat uns die Gesellschaft, die eigentlich für die Invasion war, als Schwächlinge aufgegeben und sieht uns als Kumpanen der Militärdiktatur.«

Unteroffizier López sagt: Jetzt, wo mit den Kirchners erstmals jemand aus dem Süden am Ruder ist, erst er und dann seine Frau, Patagonier, erst jetzt ist das alles ein bisschen anders. Es gibt jetzt eine nationale Veteranenrente, sie bekommen eine Krankenversicherung und Wohnraum. Und am 2. April, zum großen Staatsakt zum Jahrestag der Invasion, kommt schon mal das halbe Kabinett aus Buenos Aires eingeflogen und marschiert zum Malvinas-Denkmal, nur ein paar Straßen von López' Büro entfernt. Man bringt neue Orden mit, auch López bekommt immer mal wieder einen an die Brust geheftet. »Ein wenig Anerkennung haben wir ja schließlich verdient«, sagt er.

Nach wie vor finden 99,99 Prozent der Bevölkerung, dass die Malvinas argentinisch sind, argentinisch sein müssen. Wie der Mate, wie Maradona. Aber ob López das noch erlebt? Er zuckt mit den Schultern. Vor allem aber würde er gerne mal dorthinfahren. Den Ort wiedersehen, um den er gekämpft hat. Den Friedhof besuchen, mit britischen Veteranen sprechen. »Von Mann zu Mann, wie die das heute sehen. Und ob sie auch Angst hatten, das würde ich gerne wissen.« López könnte ja eigentlich hinfahren, mit dem Boot, oder hinfliegen, über Chile. »Aber dann müsste ich meinen Pass vorzeigen und das will ich nicht. Ich zeige doch meinen Pass nicht, wenn ich zur Haustür reinkomme, oder?«

Die britische Presse hat jedes Mal, wenn das Malvinas-Falklands-Thema wieder aufkommt, den gleichen Vorschlag: Die Argentinier sollten lieber Elfmeterschießen üben, als vom Südatlantik zu träumen.

Wenn's die Liebe eilig hat – *el telo*

Es gibt sie im Stadtzentrum, und es gibt sie an den Ausfall-
straßen. Sie machen keine Werbung mit Plakaten oder Neon-
Schriftzügen – aber jeder weiß, wo sie sind. Es gibt sie für
ein paar Pesos zum Studententarif, mit abwaschbarem Plastik-
überzug auf den Betten. Und es gibt sie in der Edelversion,
mit Nobelrestaurant, römischen Springbrunnen oder altägyp-
tischer Anmutung, sodass man sich fühlen kann wie zu Zeiten Cleopatras: die *telos*. Im Wort *telo* steckt als Anagramm
das »Hotel«, und tatsächlich gibt es in den *telos* auch einzelne
Zimmer, die man mieten kann. Aber man mietet sie nicht für
Tage oder Wochen, sondern stundenweise. Und man bezahlt
in bar – damit keine Spuren bleiben. Und doch ist das *telo*
etwas ganz anderes als bei uns das Stundenhotel.

Eigentlich gibt es immer nur einen Grund, ein *telo* aufzusu-
chen: Liebe, die es eilig hat und die unentdeckt bleiben will.
Aber die Motive, aus denen Argentinier das *telo* aufsuchen,
sind ziemlich vielfältig: Teeniepärchen probieren sich hier
zum ersten – oder zehnten oder fünfzigsten – Mal aus, ohne
die Aufsicht der Nachbarn oder der Eltern. Die Eltern probie-

ren sich hier mal wieder aus – ohne die Aufsicht der Kinder oder der Schwiegermutter. Oder da ist die Barbekanntschaft, die noch vertieft werden will, die Büroliaison, die einen diskreten Raum jenseits des Kopierzimmers sucht. Jedenfalls ist das *telo* in Argentinien ein viel banalerer, viel selbstverständlicherer, viel weniger skandalöser Zufluchtsort als das Stundenhotel hierzulande. Man geht so selbstverständlich ins *telo*, wie man eben auch zum Yoga, ins Kino, zum Aquarellmalkurs geht – na ja, zumindest fast so selbstverständlich.

Ganz so, wie im Kino die Nachmittagsvorstellung weniger Eintritt kostet, gibt es auch in vielen *telos* Happy-Hour-Rabatte. Und wie auf dem Tennisplatz kann man in vielen *telos* sein Lieblingszimmer schon vorab reservieren. Denn auch die eilige Liebe will gut vorbereitet sein.

So hat jeder Argentinier seine *telo*-Geschichte zu erzählen. Paare reden mit einem »Unser Song«-Glanz auf den Augen von ihrem ersten Mal im *telo*. Und dann gibt es immer wieder diese Anekdoten, die darauf hinauslaufen, dass der *telo*-Portier einen Besucher allzu vertraut gegrüßt und das die begleitende Dame irritiert habe. Oder dass man die falschen Schlüssel für ein schon belegtes Zimmer in die Hand bekommen habe. Oder dass sich zwei Paare beim Einchecken an der Rezeption kurz begegnet seien und der eine Herr der anderen Dame vielsagende Blicke zugeworfen habe, so als ob die beiden schon einmal in anderer Formation dort anzutreffen gewesen seien. Komischerweise sind das dann Geschichten, die fast immer einem entfernten Cousin / Onkel / Bekannten oder einem Bekannten / Onkel / Cousin eines besten Freundes passiert sind und nie dem Erzähler selber, der sich aber dafür verbürgen könne, dass die Geschichte auch wahr sei.

Prostituierte sind übrigens nicht in den *telos* zugelassen, sie haben ihre eigenen Arbeitsstätten. Außerdem ist es per Gesetz verboten, zumindest erzählen sich die Porteños das so, mit mehr als einer Begleitperson im *telo* einzuchecken. Auf dem

Fußballfeld ist ja schließlich auch nur Platz für zwei Mannschaften!

Und warum sind sie so populär, die *telos*? Da muss als Erklärung wohl die argentinische Sexualmoral herhalten: Typisch südamerikanisch wohnt man lange bei den Eltern. Andererseits hat hier die katholische Kirche weit weniger zu sagen als anderswo auf dem Kontinent. Frauen durften sich hier früher scheiden lassen als anderswo, dafür können die Schwulen heiraten. Die Sexualmoral ist liberaler als in den Nachbarländern, der Einfluss des Priesters reicht längst nicht mehr in alle Schlafzimmer, sodass auch vor und neben der Ehe fleißig geliebt wird. Außerdem sind die Nächte in Buenos Aires einfach sehr lang. Da hat man viel Zeit, auf alle möglichen Ideen zu kommen.

Und übrigens, nicht dass der Leser jetzt auf falsche Gedanken kommt: Wir selbst sind natürlich nie im *telo* gewesen. Aber ein guter Freund, von dem der Bruder, der hat einen Bekannten, und dessen Cousin, der kannte mal einen...

GrößtesSchlimmstesBestesMeistes: Die Argentinier und der Superlativ

Die *meisten* Steaks pro Kopf, der *höchste* Pro-Kopf-Verbrauch an Seife und Deodorant, die *größten* Wasserfälle, der *größte* Gletscher, die *meisten* Psychiater pro Einwohner, die *meisten* Schlafstörungen pro Kopf, die *schönsten* Frauen, der *größte* Staatsbankrott in der Geschichte (2001/02), der *höchste* außerasiatische Berg der Welt (Aconcagua, 6960 Meter), das *schönste* Tor in der Geschichte des Fußballs (22. Juni 1986, WM-Viertelfinale Argentinien gegen England, 2:0 durch Diego Armando Maradona, Endstand 2:1), der *sinnloseste* Krieg (um die Malvinas/Falkland-Inseln gegen England), die *breiteste* Straße der Welt (Avenida 9 de Julio), die *längste* Straße der Welt (Avenida Rivadavia), der *beste* aller Autorennfahrer (Juan Manuel Fangio), die *schlimmste* aller Militärdiktaturen, die *größten* Sojaanbauflächen, die *erste* U-Bahn Südamerikas, der *erste* Omnibus, die *südlichste* Stadt der Welt, die *meisten* Taxis pro Einwohner, die *höchsten* Dezibelwerte im Stadtzentrum der Hauptstadt.

Argentinier können über Argentinien eigentlich nur im Superlativ sprechen. Ob der dann immer so stimmt, ist eigentlich egal, aber in Bezug auf sein eigenes Land tut's der Argeninier nicht unter GrößtesHöchstesWeitestesErstes. Dass der erste Mann auf dem Mond kein Argentinier war – es muss ein Versehen sein, ein Irrtum der Geschichte. Aber es gibt ja noch den Mars, da lässt sich das korrigieren. Und der Mars ist ja auch größer.

In anderen Ländern Südamerikas erzählt man sich gerne folgenden Witz: »Was ist das beste Geschäft auf der Welt? Wenn man einen Argentinier für das kauft, was er tatsächlich wert ist – und dann für das verkauft, was er glaubt, wert zu sein.«

Vielleicht ist diese Megalomanie die Tragik eines jungen Landes, das noch im Werden ist. Und eines Landes, das so große Chancen gehabt hätte – und so viele verspielt hat. Eines der wenigen Länder auf der Erde, in dem die Enkel ärmer sterben als ihre Großväter.

»Sistema europeo«, schreibt der Schuster an sein Ladenfenster – »europäisches System«. Der Taxiring nennt sich »Eiffel«. Der Haartransplanteur wirbt mit einer »método canadiense«, einer »kanadischen Methode«. Und im Argentinien des frühen 20. Jahrhunderts mussten es Architekten aus Paris sein, die den Herrschaften ihre Palais entwarfen, mit Dächern so steil wie an der Seine. Auch wenn der Schnee, den die Dächer in Paris ableiten sollen, hier nur alle 80 Jahre fällt. Mit seiner lateinamerikanischen Nachbarschaft will Argentinien nichts zu tun haben; das Land will in einer anderen Liga spielen. Es sieht sich als Teil der ersten Welt, als Teil Europas.

Eine argentinische Ballerina, die es an die Mailänder Scala geschafft hat, ist den Zeitungen immer einen Aufmacher wert. Auch der Tango war für die argentinische Oberklasse erst dann wirklich tanzbar, als er in Paris buchstäblich salonfähig geworden war. Ein argentinischer Autor, der etwas auf sich hält, gibt seinem Buch mindestens ein französisches Motto

| 110

bei. Besser ist es, er hat das Buch in den Cafés und Bars von Paris geschrieben. Und noch besser ist es, er schreibt davon, wie er das Buch in den Cafés und Bars von Paris geschrieben hat. Der argentinischen Kunst und auch ihrer Literatur wird daher gerne vorgeworfen, sie sei so artig, so gut erzogen wie ein Schüler, der von der Bildungsreise nach Europa ganz viele Eindrücke mitgebracht hat, die er nun aufs Korrekteste nachahmen will.

Ein Land also, das seinen Platz in der Welt nicht wirklich gefunden hat. Ein Potenzprotz, der unglaubliche Angst hat vor der Impotenz: Das ist die andere Seite des *superlativismo argentino*. Ein nationaler Minderwertigkeitskomplex also, der umso weniger zu überhören ist, je lauter das Land »Argentina, Argentina!« brüllt. Und mit seinen Superlativen protzt.

Die argentinischen Buchandlungen sind voll von masochistisch-narzisstischen Titeln wie: »Un país de novela« (»Ein Land wie aus dem Roman«) oder »El atroz encanto de ser argentino« (»Das schreckliche Vergnügen, ein Argentinier zu sein«) oder »El atroz encanto de ser argentino, II« (»Das schreckliche Vergnügen, ein Argentinier zu sein, II«) oder »Así se destroza un país: el error de ser argentino« (»So zerstört man ein Land: Der Fehler, ein Argentinier zu sein«) oder »Por qué somos como somos« (»Warum wir so sind, wie wir sind«). Bücher, die regelmäßig die Bestsellerlisten stürmen und von früh bis spät in Talkshows diskutiert werden. Das Land liegt kollektiv bei sich selbst auf der Couch. Es misstraut sich selbst und analysiert fortwährend seine Schwächen und Fehler. Es ist unglücklich in sich selbst verliebt.

So schreibt Tomás Eloy Martínez, der wohl größte argentinische Schriftsteller aus der Generation der Enkel von Borges und Cortázar, und wie seine beiden literarischen Ahnen im Exil gestorben: »Das argentinische Unglück stammt aus einer Lektion, der die Realität stets widerspricht: In der Schule lernt man, dass das Land unbesiegbar ist, europäisch, gut erzogen, eigentlich zur Grandezza verdammt – aber wenn die Schüler dann hinausgehen in die Wirklichkeit, prallen sie auf die Beschränktheit unseres Landes. Außerdem ist es weit weg von allem, und die Schwere des Bodens fühlt man hier mehr als irgendwo anders auf der Welt«.

Aber mal ehrlich: Ohne seine Superlative wäre Argentinien und wären die Argentinier auch nur halb so lustig, halb so interessant und halb so spannend. Höchstens.

Der populärste, schönste, argentinischste aller Guerilla-kämpfer: Ernesto »Ey« Guevara

Vom Oberklasse-Söhnchen zum Rächer der Unterdrückten

Brav macht er noch seine Sommerexamen. Erst dann geht es auf die große Motorradtour: ohne Bart und ohne Barett, im weißen Hemd statt in der Kampfmontur. Beim Abschied verspricht er der Frau Mama, er werde ihr immer schön Postkarten schreiben: So hat eine ganze Generation Ernesto Guevara Lynch de la Serna y Llosa kennengelernt, in *Motorcycle Diaries*, jenem von Robert Redford produzierten Film, der 2004 in die Kinos kam.

Er zeigt Gael Garcia Bernal als den jungen Ernesto Guevara, wie er mit seinem Kumpel Alberto Granado 1952 auf einem alten klapprigen Motorrad zu seiner Grand Tour durch Südamerika aufbricht. Als junge, ziellose Abenteurer ziehen sie los, mehr *without a cause* denn als *rebels*, denn dazu sind die beiden zu brav. Und als Kämpfer für ein vereintes, freies und gerechtes Südamerika kehren sie zurück – so will es zumindest der Film.

In *Motorcycle Diaries* ist Che der aufrichtige, lesehungrige, gut aussehende Sohn aus besserem Hause, der es mit den Frauen hat und sie mit ihm. Der Asthma hat und genauso wenig tanzen kann wie lügen. Die Sportskanone, die trotz Asthma beim Rugby und beim Schwimmen besser ist und besser sein will als alle anderen. Viel von dem, was zur Mythifizierung des Che beigetragen hat, steckt im Film.

Der wahre Guevara aber hat sein politisches Erweckungserlebnis nicht auf der Motorradtour, das kommt erst viel später. Als junger Student ist ihm wohl nur wichtig, dass er in irgendetwas groß wird – Schriftsteller, Schachspieler oder was auch immer. Dass er einmal das Sinnbild des Guerillakämpfers werden würde, eine der großen Ikonen des 20. Jahrhunderts und einer der einflussreichsten Argentinier der Geschichte – das sieht dem glatt rasierten Jüngelchen im weißen Hemd noch keiner an.

Ernesto Guevara wird 1928 in Rosario in eine Familie hochrangigen spanischen Kolonialadels geboren. Der letzte spanische Vizekönig von Peru ist sein Urgroßvater, auch der eine oder andere hochrangige General findet sich in der Ahnenlinie. Den Reichtum, den die Vorfahren als Rinderbarone erworben haben, verlebt der Vater eher, als dass er ihn mehrt: Man lebt auf großem Fuß, mit Dienstmägden und Köchen, in Villas, deren Miete man sich nur gelegentlich leisten kann.

Schon als Kind leidet Ernesto an schweren Asthma-Anfällen. Und schon damals lässt er sich immer erst in allerletzter Sekunde den rettenden Inhalator bringen – um sich abzuhärten, wie seine Anhänger später schreiben werden; um sich ein bisschen wichtiger zu machen, erinnern sich Freunde. Er spielt Rugby, Schach und Golf und hört auf den Spitznamen »Fuser« – eine Verkürzung jenes Kampfspruches, mit dem er sich gerne ankündigt: »Aqui viene el furibundo Serna« (»Hier kommt der rasende Serna«).

Guevara ist ein typisches Söhnchen der argentinischen Oberklasse: Ausflüge auf die Estanzias von Verwandten, Nachmittage im *Lawn Tennis Club de Córdoba* oder im *San Isidro Club,* den sein Onkel leitet. Hier eine Bridgepartie, da ein Cocktailempfang. Er freut sich, als er auf einer Amazonas-reise dem Kapitän die Erste-Klasse-Kabine zum Preis der drit-ten abschnorren kann, er schläft lieber in bequemen Betten als im Stall mit den Knechten. Er liest wie ein Staubsauger und wird das, was all die Söhne aus höherem Hause in jener Zeit werden, wenn sie nicht Anwalt werden: Arzt. Auch wenn das Land Ingenieure, Agrarwissenschaftler oder Lehrer viel besser gebrauchen könnte, Ernesto wird Arzt, denn ein Arzt steht jeder Familie gut. Vielleicht hat ja auch das eigene Atemlei-den und der Krebs der Mutter etwas mit dem Interesse für die Medizin zu tun, allerdings: Noch mit 26 schreibt er sei-ner Mutter, er wolle Atomphysiker oder Genetiker werden – wie ein Zehnjähriger, der darüber nachdenkt, ob er lieber Fußballprofi, Zauberkünstler oder Astronaut werden soll. Und letztlich wird er ja etwas viel Besseres: Revolutionär.

Die argentinischen Schüler- und Studentenproteste jener Jahre gehen komplett an ihm vorbei, er ist nicht einmal Mitglied der Schülervereinigung. Eine Studienfreundin von ihm ist in der kommunistischen Jugend – aber auch der wird er nicht bei-treten, die politische Militanz interessiert ihn nicht.

Die schwärmerischen Gesänge auf ein geeintes Amerika von Pablo Neruda hingegen, die inspirieren ihn. Er entflammt sich so sehr für den Chef im Kreml, dass er Briefe mit »Sta-lin II.« unterzeichnet. 1953/54, als er in Guatemala einem Putsch beiwohnt, berichtet er der Tante freimütig von der erlebten Revolutionsgaudi: »Hier war alles höchst amüsant: Schüsse, Bombardierungen, Reden und anderes haben die alltägliche Monotonie unterbrochen.« Gerd Koenen schreibt in seiner höchst gescheiten Guevara-Biografie: »Wen immer er auf seinen Reisen traf, was immer er sah und erfuhr, lieferte ihm nur Material zu einer lyrisch verkleideten Ideologieproduktion, die obsessiv um die eigene Person und Berufung kreiste«.

Jedenfalls braut sich in dem jungen Señor Guevara eine eigenartige Mischung zusammen, eine Mischung aus einem Jesus Christus, der nur eben Asthma im Leib hat statt einem Kreuz auf dem Rücken, einem Don Quichotte und einem Martin Fierro, dem gesetzlosen Helden aus dem argentinischen Nationalepos. Sie braut sich zusammen zum Sinnbild des Guerilleros.

Scharfrichter, Wirtschaftsdiktator und globaler Apostel der Guerilla – Che als Allzweckwaffe der Revolution

Ches revolutionäre Karriere beginnt, als er Fidel Castro in Mexiko trifft. Beim Nudelnkochen erzählt er von seinen Plänen für einen Umsturz in Kuba. Den verhassten Batista – in der Rückschau eher ein Halb- denn ein echter Diktator – will Castro beseitigen. Und gleichzeitig – oder vielleicht hauptsächlich: selbst an die Macht kommen. Guevara hat gerade eine Tochter gezeugt, Hilda, aber er sieht sich nicht unbedingt als Familienvater – da kommt ihm ein Umsturzplan gerade recht.

Sein argentinischer Akzent wird sich schnell abschleifen: Aber das typisch argentinische spöttische Grinsen auf allen Fotos wird ihn bis ans Lebensende nicht verlassen. Und weil er alle immer mit *che* anredet, mit »ey«, so wie das alle Argentinier bis heute noch tun, nennen ihn die kubanischen Freunde *Che*. Damit hat er seinen Spitznamen weg, *El Che*, »Der Ey« – der vielleicht merkwürdigste Kampfname in der Geschichte der Weltrevolutionen.

Er schließt sich der Wehrsportgruppe Fidel Castros an. Und setzt mit ihm 1958 in der *Granma* von Yucatán aus über nach Kuba. In einem undichten Boot, ohne Proviant, halb verhungert und verdurstet. Sie kommen nicht nur an, schlagen sich durch die Sierra und erobern eine Kaserne nach der anderen. Castro, Che & Co. ergreifen in Kuba die Macht – und geben sie über ein halbes Jahrhundert lang nicht mehr her.

Che sieht sich längst nicht mehr als Mediziner. Spätestens dann nicht mehr, als er sich – so wollen es zumindest jene, die seinen Nachruhm verwalten – im Kampf dazu entschließt, seinen Arztkoffer zurückzulassen und dafür Munitionstaschen zu schultern.

Er tötet seinen ersten Menschen. In einer Mischung aus Terror und Enthusiasmus organisiert er die Erziehung zum »Neuen Menschen«, veranlasst Hinrichtungen und Scheinhinrichtungen. Denn in der Aufbauphase der Revolution ist jede Opposition Konterrevolution. Und Konterrevolution ist Verrat. Und Verräter gehören an die Wand. »Die Hinrichtungen sind nicht nur eine Notwendigkeit für das Volk von Kuba, sondern auch eine vom Volk auferlegte Verpflichtung«, schreibt Guevara. Wo kollektiv gehobelt wird, da müssen eben individuelle Späne fallen. Che ist zuständig für das La-Cabana-Gefängnis, in der alten Steinfestung werden unter seiner Ägide als Scharfrichter angeblich über 500 Todesurteile gefällt und vollstreckt. Er führt das erste Lager für Zwangsarbeit in Guanacahibes in Westkuba ein – ein Mann der eisernen Hand.

Die Nationalisierungen, die Agrarreform, all das kann Che nicht schnell genug gehen – und so ist die kubanische Revolution unter allen sozialistischen Umwälzungen die schnellste und die gründlichste. Der sowjetische Wirtschaftskurs ist ihm zu versöhnlerisch, die »friedliche Koexistenz« zweier Systeme zuwider. Er ist für die reine Lehre, er träumt von einem permanenten Kriegskommunismus, in dem alles und jedes jederzeit verstaatlicht und zurückverteilt wird.

So wird Guevara eine Art Wirtschaftsdiktator: Er leitet die Industrieabteilung des kubanischen Instituts für Agrarreform, er wird Chef der Zentralbank, auf den Peso-Noten unterschreibt er mit »Che«. Was sein Vater mit den Worten kommentieren wird: »Mein Sohn Ernesto soll den Haushalt der Republik Kuba verwalten? Fidel ist verrückt geworden. Jedes Mal wenn ein Guevara ein Unternehmen gegründet hat, ist er damit Pleite gegangen!«

Wenn Fidel Castro das Herz der Revolution ist und sein Bruder Raúl die Faust, dann ist Che Guevara das Hirn. Dass Peking Zucker kauft, Moskau Waffen liefert und Prag Kredite gibt und somit die kubanische Revolution nicht an ihrer eigenen Unfähigkeit erstickt – das ist zum großen Teil Guevaras Werk.

Dabei ist der asthmatische Argentinier keiner, der es sich bequem einrichtet in den Plüschsesseln der Macht: Er trägt stets olivgrün und Bart, schläft auf einem Feldbett, und gerochen haben soll er eher scharf – denn ein Revolutionsführer hat schließlich Wichtigeres zu tun, als sich regelmäßig zu waschen. Auch für seine Familie, darauf besteht er, gilt die *libreta*, die Rationierungskarte, wie für alle anderen. Als der Direktor einer Fahrradfabrik seiner Tochter ein Kinderrad schenken will, herrscht Guevara ihn an: Wie er darauf komme, Volkseigentum zu verschwenden?!

Guevara schont sich nicht, regelmäßig absolviert er zehnstündige Arbeitseinsätze am Sonntag auf dem Feld, um die Arbeiter anzustacheln: Mal malocht er in einer Weizenmühle 100 Säcke weg, mal ackert er so lange mit einer neuen Erntemaschine über das Zuckerfeld, bis sich ihm die erschöpften Compañeros protestierend in den Weg stellen – eine Latino-Version des sowjetischen Vorzeigearbeiters Alexei Stachanow.

Aber die Zahl der Arbeitslosen steigt während seiner Herrschaft, das Wirtschaftsniveau sinkt. Von jenen zehn Prozent

Wirtschaftswachstum und einer Angleichung der Lebens-
verhältnisse an US-amerikanisches Niveau, die er gerne verspricht, kann keine Rede sein.

Also dreht Guevara am ganz großen weltrevolutionären
Rad: Waffenlieferungen der Sowjets an Kuba, von Kuba an
Algerien, von China an Algerien – der kubanische Zucker ist
die Währung, die dieses Geschäft am Laufen hält.

Im Frühjahr 1964 geht Guevara auf globale Roadshow,
trifft angeblich sogar Perón in seinem Madrider Exil – und
handelt sich die Genehmigung für den Aufbau einer Guerilla
in Argentinien aus: Salta soll als eine zweite Sierra Madre die-
nen. Wobei er kläglich scheitern wird. Moskau sieht in Guevara eher den lästigen Abenteurer als den verlässlichen Partner.
Und tatsächlich tritt er Ende 1964 von allen Ämtern zurück,
gibt selbst die Staatsbürgerschaft ab – und sucht eine Mission
in Afrika, er wird jetzt globaler Guerillero.

Im Februar 1965 taucht im Kongo ein behäbiger, mittelal-
terlicher Glatzkopf namens »Ramón« auf, der dem Rebellen-
führer Laurent Kabila beim Kampf gegen die Regierungstruppen helfen will – der getarnte Che. Es soll eine Wiederholung
der *Granma*-Anlandung werden. Und erneut, wie schon in
Argentinien, scheitert Che kläglich, in einem Feldzug, der
jeder Beschreibung spottet. Er taucht unter, und die Welt,
geblendet durch Propaganda und Gegenpropaganda, rätselt:
Hat man ihn umgebracht? Ist er im Irrenhaus? Kämpft er in
Vietnam?

Nein, Che plant seine letzte, fatale Mission, die sinniger-
weise den Namen *Fantasma* trägt: Er will eine Guerilla-Truppe
in Bolivien aufbauen und damit nach und nach den ganzen
Cono Sur umstürzen. Wie einst der große, gefeierte Unabhän-
gigkeitsheld General José San Martín, der Chile vom spanischen Kolonialjoch befreite und sich dann – vergeblich – nach
Peru aufmachte. Mit ein paar altgedienten Revolutions- und
Guerillakadern und einer Handvoll Kindersoldaten, getarnt

mit dicker Hornbrille und glatt rasiertem Kinn, will Che den kubanischen Sieg der Guerilleros wiederholen, diesmal in Bolivien. So ziehen sie durch den bolivianischen Dschungel, abgeschnitten von der Welt – und haben nichts verstanden von diesem Land. Denn ein Präsident, der Straßen bauen lässt und die Indianersprachen der Eingeborenen spricht – den hassen die Leute nicht genug, um eine Front bärtiger, ausländischer Guerilleros zu unterstützen. Außerdem haben die Amerikaner Militärberater geschickt, die den Bolivianern zeigen, wie man eine Guerilla bekämpft. Ihre Lager werden ausgehoben, Che hat keine Medizin mehr und stirbt fast an seinen Asthma-Attacken. Sein Atem rasselt, seine Leute werden einer nach dem anderen umgedreht oder erschossen. Ein einziger bolivianischer Bauer schließt sich der Guerillatruppe an – sie ist politisch gesehen also nicht gerade eine Lawine.

Am 8. Oktober 1967 endet das wahnwitzige Unternehmen: Da meldet ein Bäuerlein bei La Higuera am Fuß der bolivianischen Anden den Regierungstruppen, dass es beim Wässern der Kartoffelfelder ein paar Bärtige gesehen habe. Che wird gefangen genommen, von CIA-Leuten verhört und am Tag darauf von einem Unteroffizier der 8. Kompanie des bolivianischen Heeres erschossen. Er soll, wird ihm befohlen, nicht auf den Kopf zielen, sondern auf Bauch und Brust – damit es so aussieht, als habe man Che im Kampf erschossen statt kaltblütig füsiliert. Was kann einem Revolutionär schon Besseres passieren, als von der CIA umgebracht zu werden – oder genauer gesagt: mit ihrer Hilfe?

Der lebendigste Untote des 20. Jahrhunderts

Guevaras Leichnam ist noch warm, da beginnt schon die Legendenbildung: Drei Frauen wollen es gewesen sein, die ihm sein letztes Mahl bereitet haben: eine Erdnusssuppe. Und man trifft kaum jemanden in Argentinien, der nicht jemanden kennt, der einen kennt, der doch tatsächlich eine ECHTE Haarlocke vom ECHTEN Che hat. Man wäscht ihn, man rasiert ihn, man spritzt ihm zur Konservierung Formalin in die Halsschlagader, entblößt ihm die Brust und lässt ihm die Augen offen. Sodass er im Krankenhaus in Vallegrande der Weltöffentlichkeit präsentiert werden kann wie eine Jagdtrophäe. Mit Fotos, die bei der Kreuzabnahme Christi nicht besser hätten werden können. Der junge Fotograf Freddy Alborta, der die berühmtesten Totenbilder des Che schießt, wird später sagen: »Ich hatte den Eindruck, dass ich Christus fotografierte, ich hatte tatsächlich diese Dimension betreten. Das war kein Kadaver, den ich fotografierte, sondern etwas Außergewöhnliches.«

Was war er also nun, dieser Che Guevara?

Ein verirrter, blutrünstiger Abenteurer? Ein eiskalter Politkrimineller, eine Killermaschine? Oder, im Gegenteil, ein Übermensch im Sinne von Nietzsche, ein Jesus Christus unserer Zeit? Oder gar der »vollkommenste Mensch unseres Zeitalters«?

Eigentlich kann sich jeder seinen Che aussuchen.

Denn Che Guevara hatte das Glück, das nur den ganz großen Helden der Weltgeschichte zuteil wird: Er starb gut aussehend und jung, mit 39 – er lebte also 15 Jahre länger als James Dean, aber immerhin fünf weniger als Andreas Baader, sieben weniger als John F. Kennedy und einen Tick kürzer als John Lennon. Er musste nicht alt und faltig werden wie ein Fidel Castro oder ein Yassir Arafat – oder möglicherweise ein Osama Bin Laden.

Bis heute führt Guevara, schreibt Che-Biograf Gerd Koenen, »ein Second Life als Widergänger seiner selbst, als eine fast zeitlos gewordene Kultfigur, deren Astralleib sich von der historischen Person weitgehend gelöst hat und mit jedem Schuljahr neu entdeckt wird«. Der edle Wilde, ein moderner

Winnetou – nur mit mehr Starkult und mehr Sexappeal. Eine Mischung aus Mutter Teresa, Lady Di und Kurt Cobain.

Märtyrer müssen schön sein – und so hat zum Ruhme des Che vielleicht am meisten jenes Foto beigetragen, das Alberto Korda, ein ehemaliger Modefotograf, im März 1960 bei einem Gedenkgottesdienst in Havanna vom *Guerillero Heroico* gemacht hat: aus der Froschperspektive, mit zerzaustem Haar, das Barett so schief, die Augen so zornig: eine Ikone. Kurz vor Ches Tod druckt *Paris Match* das Bild auf der Titelseite und macht es so weltweit bekannt – wenig später wird es in Abertausenden von WG-Zimmern hängen, auf Kaffeetassen und auf Mousepads gedruckt werden, es gilt heute als das meistreproduzierte Foto der Geschichte. Auch deshalb, weil Korda, als guter Kommunist, ja schlecht sein Copyright und Tantiemen einklagen konnte.

Der Schweizer Fotograf René Burri hat auch ein bekanntes Foto von Che gemacht, 1963, es ist nicht ganz so allgegenwärtig – aber Burri sagt von sich, er habe damit das »beste Foto des Che« gemacht. Er sagt: »Das Konterfei von Che Guevara ist noch immer Sprengstoff. Er ist das meistgehasste und meistgeliebte Idol der Welt. Für die einen ist er der Teufel, für die anderen der Erlöser.«

Und er hat recht: Ches Visage – und zwar die, wie sie Korda verewigt hat – ist ein globales Logo geworden, so ähnlich wie der Nike-Swoosh. Man findet Che auf Feuerzeugen, Bikinis und Fußabstreifern, Converse verkauft damit Schuhe und Olivetti Schreibmaschinen. Die Entführer der *Landshut* werden das Konterfei tragen, und die kolumbianischen Militärs werden sich bei der Betancourt-Befreiung mit diesen T-Shirts als linke Guerilleros tarnen. Im Libanon werden antisyrische Demonstranten am Grab des ermordeten Premiers Che-Hemden tragen, Madonna wird sich für ein Plattencover genau so in Szene setzen. Che Guevara – ein Fashion

Statement. Ein Bild, das für alle taugt, die gegen irgendetwas sind – oder dies zumindest auf bequeme und deutliche Weise zeigen wollen. Ist schließlich politischer als Bart Simpson – und besser ausgesehen hat er auch, der schicke Che.

Aber nicht nur sein Bildnis taugt zur Inspiration: Die linke Intelligenz in aller Welt verliebt sich schon zu Lebzeiten in jenen Guerillero, der sich aus dem Busch in die Schaltzentrale der Macht kämpft und dann wieder zurückgeht in den Busch. Wolf Biermann huldigt ihm genauso wie Joan Baez, Jean-Paul Sartre nennt ihn gar den »vollkommensten Menschen unseres Zeitalters«.

Und wer heute etwa Guevaras Botschaft an die Trikontinentale von 1967 liest, spürt seinen Einfluss auf die deutsche RAF. Vom »Hass als Faktor des Kampfes« ist da die Rede, und weiter heißt es: »Der Krieg muß dorthin gebracht werden, wohin der Feind ihn bringt: in sein Haus, in seine Vergnügungsviertel – der absolute Krieg. Man muß den Feind hindern, auch nur eine Minute Ruhe zu finden, eine Minute Ruhe außerhalb seiner Kasernen und sogar innerhalb derselben. Man muß ihn angreifen, wo immer er sich befindet. Man muß erreichen, daß er sich wie ein gehetztes Tier fühlt, wo immer er sich bewegt.«

Che als das Urbild des Guerillakämpfers, der ja schließlich bewiesen hat, dass man mit ein paar Kalaschnikows die imperialistische Welt aus den Angeln heben kann.

Für das linke Argentinien ist Che die große Symbolfigur. Das Vorbild dafür, dass man die Verhältnisse nicht einfach hinnehmen muss. In der Zeit der Militärdiktatur war schon alleine seine Abbildung verboten. Wer Guevara las oder gar zitierte, konnte sich darauf gefasst machen, in einem Ford Falcon in ein Folterlager transportiert zu werden. Ein Vierteljahrhundert später, als das Land in die größte Wirtschaftskrise seiner

Geschichte abstürzt, ist Che wieder willkommen, als Symbol gegen den anglo-amerikanischen Kapitalismus. Diego Maradona, die andere nationale Ikone, hat sich den Korda-Che auf den rechten Bizeps tätowieren lassen.

Und heute lassen die Touristen Che Guevara in Argentinien wieder aufleben: Ziegenbärtige Abiturienten aus Deutschland, Collegestudenten aus den USA fragen in den Buchhandlungen von Buenos Aires nach Karten, auf denen die Route seiner großen Motorradreise eingezeichnet ist. Viele von ihnen machen Station in Alta Gracia, jenem Stadtteil von Córdoba, in dem Guevara einige Jahre seiner Kindheit und Jugend verbracht hatte. Dort hat man eines der zahlreichen Che-Guevara-Museen im ganzen Land eingerichtet, man kann sich mit einer Figur des Che beim Schachspielen oder in einem Guerilla-Versteck mit Maschinengewehren fotografieren lassen. Hugo Chávez und Fidel Castro waren 2006, zum Gipfel der amerikanischen Staatschefs, auch schon hier.

Die institutionalisierte Revolution in Kuba hat das Ihrige getan, um das Bild vom heiligen Che hochzuhalten. Und hat, pünktlich zum 30. Todestag des *Guerillero Heroico* und zum V. Kongress der Kommunistischen Partei, im Juni 1997 ein Team von Forensikern nach Bolivien entsandt, die dann auch tatsächlich die Knochen des Argentiniers gefunden haben. Nur gibt es ein paar Ungereimtheiten: Der Leichnam hat Zähne, die der echte Che nicht mehr hatte, ihm fehlen Spuren von Verwundungen, die der echte Che eigentlich hätte haben müssen – sodass spanische Gerichtsmediziner sogar behaupten, es handle sich um die falsche Leiche. Die volle Wahrheit über Che Guevara werden uns die Archive wohl erst in einer Zeit nach dem letzten Castro enthüllen.

Eines aber steht fest: In Bolivien tut Señor Ernesto Guevara Lynch de la Serna y Llosa bis heute Gutes. Denn dort ist er inzwischen eine Art Heiliger, »San Ernesto de Higuera«, den die Bauern um Regen anbeten – und sie schwören: Es wirkt.

Outlaw der Pampa –
der Archetypus des Gaucho

»Ehre ist es mir, in Freiheit zu leben,
so wie der Vogel am Himmel.
Ich bau mir kein Nest auf diesem Boden,
wo es sich nicht lohnt zu leben.
Und so braucht's mir keiner nachzutun,
wenn ich mich wieder erhebe.«
José Hernandez, Martín Fierro

Ein freier Vagabund, keinem Herrscher unterworfen, rauh
und roh streunert er auf seinem Pferd durch die Pampa, die
Augen gen Horizont gerichtet: So haben wir den Gaucho
im Kopf. Eine Art Mönch der Pampa, der in frei gewählter
Einsamkeit lebt, mutig, stolz und fernab jeder bürgerlichen
Bequemlichkeit. Frei von Besitz, frei von jeglicher Unterjo-
chung. Mit dem Poncho, dem Messer und dem Pferd hat er
alles, was er braucht.

Der erste Gaucho, so die Legende, war ein Mann namens
Alejo Godoy. Er war mit Juan de Garay aus Andalusien gekommen und beschwerte sich 1586 beim spanischen König über

die schlechten Bedingungen, unter denen die Soldaten zu leben hatten. Als König Philipp eine Antwort schuldig blieb, habe sich der Gaucho eine Gitarre gegriffen, sei auf die Plaza Mayor geritten, den zentralen Platz von Buenos Aires, und habe »Tod Philipp II.« gerufen. Hernach sei er in die Pampa geritten und ward nie mehr gesehen.

Ob die Geschichte stimmt oder nicht, ist eigentlich egal. Sie erzählt jedenfalls viel über das Bild vom Gaucho, das Bild des ewig Unabhängigen, des ewigen Rebellen, das der Argentinier von ihm hat – und von sich selbst.

Bei den Mapuche-Indios gibt es das Wort *cauchu* (»Vagabund«), bei den Quechuas den *huachu* (»Weiser«) – kommt daher sein Name? Keiner weiß es wirklich. Jedenfalls entsteht der Gaucho als, wenn man so will, Berufsstand, als in den spanischen Kolonien der Handel mit Fleisch und Leder aufblüht. Auf den *vaquerías*, den Vorläufern der heutigen Estanzias, ist er zu Hause. Mit dem *facón*, seinem Messer, den *boleadoras* und seinem Lasso hält er die Herde zusammen, zähmt die Pferde, schlachtet die Rinder und zieht ihnen Haut und Fett ab. Ein, zwei Schaffelle und darüber ein Fetzen Rindsleder, das reicht ihm als Sattel. Der *facón* steckt hinten am Gürtel, er nimmt ihn selten ab – und wenn, dann fließt Blut. Im Umgang mit den Rindern oder in der *pulpería*. Mit den *boleadoras* – einem Lederseil, dessen Enden von Steinen oder Bleikugeln beschwert sind –, bringt er Pferde, Nandus oder Hirsche aus vollem Lauf zum Stehen.

»Gaucho« ist zunächst ein negativ belegter Begriff, er hat den Beigeschmack des Halunken, des Outlaws. Doch in den Schlachten Ende des 18. und Anfang des 19. Jahrhunderts kämpft auch der Gaucho – und er kämpft für die nationale, die argentinische Sache, gegen die britischen und spanischen Invasoren. Sein Mut, seine Kraft, seine Ausdauer machen ihn zum Sinnbild seines Volkes. Er ist genügsam. Solange er irgendwo Wasser für seinen Mate bekommt und irgendwo einen Fetzen Fleisch in die Flammen hängen kann, ist es ihm genug. Sein bester Freund ist sein Pferd, in den wenigen Momenten der Muße trinkt er mit den anderen seiner Art, spielt er Karten, prügelt er sich oder tanzt er den *malambo*, eine argentinische Mischung aus Schuhplattler und Stepptanz, und die *chacarera*. Über die Kargheit seines Lebens, über den Mangel an irgendetwas würde sich der Gaucho nie bei irgendjemandem beschweren – das verbieten ihm sein Stolz und seine Freiheitsliebe. Der Gaucho hat keine Schule gesehen, er kennt die feinen Manieren der Städter nicht. Dennoch – oder gerade deshalb – ist er ein Inbegriff männlicher Tugend und Aufrichtigkeit. Eine Art Ritter der Pampas.

So ist der mythische Gaucho ein Sinnbild des Argentiniers, in ihm sieht die Nation ihren Idealtypus. Eine Projektion. Der *Martín Fierro* des José Hernández, das argentinische Nationalepos, erzählt in 395 Versen die Geschichte eines vom Leben verfolgten und dennoch unbeugsamen Gauchos. Er steht wie kein anderer Text für diese Tradition des freien, unkorrumpierbaren Herren der Pampa.

Und wo findet man den Gaucho heute, was ist von ihm übrig geblieben?

»Die eigenmächtige Arbeit auf dem Feld liegt im persönlichen Handlungsbereich des *patrón*. Dieser arbeitet häufig mit den Knechten zusammen. Es ist eine Arbeit, welche die Menschen zusammenbringt und die eine Kameradschaft und einen Umgang erzeugt, den mancher mit dem zwischen Sklavenhalter und Sklave verwechseln mag, während er in Wirklichkeit eher jenem zwischen einem Vater und seinen Söhnen ähnelt.« So schrieb vor gar nicht langer Zeit die *Sociedad Rural*, die wichtigste Vereinigung der argentinischen Großbauern, über die Nachfolger der Gauchos.

Denn wenn es den stolzen Gaucho, den freien Herren der Pampa, überhaupt je so gab, dann ist auf jeden Fall nicht mehr viel von ihm übrig. Als der Stacheldrahtzaun in den 1880er-Jahren die argentinische Pampa immer mehr durchschneidet und die Rinderherden immer größer werden, stirbt der Gaucho langsam aus. Sein Nachfahre ist der *peón*, der Knecht: Er hat schlechte Zähne, und er muss bis zum Lebensende für ein paar Hundert Pesos im Monat für eine Agrarfirma schuften. Im Akkord muss er Schafe scheren, Kühe brandmarken oder sonstwie die landwirtschaftliche Drecksarbeit machen. Der Gaucho von heute trägt einen Mechaniker-Overall und Gummistiefel. Den Gaucho mit der Pluderhose, den *boleadoras* und dem Poncho findet man am ehesten noch bei irgendwelchen touristischen Spektakeln, wie etwa an den Wochenenden auf dem Markt von Mataderos im Süden von Buenos Aires. Die Städter pflegen die Erinnerung an ihn, aus Sehnsucht nach einer romantischen Vergangenheit, die es so vielleicht nie gab. Aber in der Pampa findet man ihn nicht mehr.

Vegetarier sind zum Essen da:
Der Argentinier und das Fleisch

Auch wenn sich auf den Karten der Restaurants von Buenos Aires immer mehr Sojaschnitzel und Tofu-Bratlinge finden: Wer sich in Argentinien als Vegetarier bekennt, erntet in aller Regel verständnisloses Kopfschütteln. Vegetarier, sagt man in Buenos Aires, sind vor allem da, um verspeist zu werden. Als Betreiber eines vegetarischen Restaurants in der argentinischen Provinz hätte man es ungefähr so leicht wie ein schwuler Atheist, der im Berchtesgadener Land einen SPD-Ortsverein eröffnen wollte: grundsätzlich möglich, aber sehr, sehr, sehr unwahrscheinlich.

Durchschnittlich etwa 70 Kilogramm Fleisch werden in Argentinien pro Kopf und Jahr gegessen – mehr als in jedem anderen Land der Erde, fünfmal so viel wie in Deutschland. Und am liebsten verspeist der Argentinier das Fleisch in gegrillter Form, beim Asado.

Wer von einem Argentinier für Sonntag um eins zu einem Asado eingeladen ist, darf einen Fehler nicht machen: Er darf nicht davon sprechen, wie sehr er sich auf das »Barbecue«

freue, und dass er ja auch, daheim auf der Terrasse, einen Kugelgrill habe und auch ganz gerne mal ein paar Würstchen auf den Rost lege. Nein, solche Verbrüderungsversuche funktionieren bei Argentiniern nicht. Denn der Asado ist eine ganz eigene Erfindung, die überhaupt nichts zu tun hat mit allen anderen Arten von Grillabenden in allen anderen Ländern der Erde. Glauben zumindest die Argentinier.

Der Schriftsteller Juan José Saer schreibt: »Der Asado ist nicht nur die Hauptnahrung der Argentinier, sondern auch der Nukleus ihrer Mythologie und ihrer Mystik … Er ist nicht nur eine Heraufbeschwörung der Vergangenheit, sondern auch ein Versprechen des Wiedertreffens und der Kommunion.« Große Worte, aber sie sind der Ernsthaftigkeit, mit der der Argentinier den Asado begeht, ja feiert, zelebriert, liturgiert, durchaus angemessen.

Der Asado – die Anrufung des inneren Gauchos

Der Asado (von *asar*, »grillen«, also etwa: »das Gegrillte«) steht nicht nur für das Fleisch an sich, das zubereitet und gegessen wird. Der Asado bezeichnet auch den Ort, an dem gegessen wird, die Gelegenheit, die Zeremonie. Und eine Gelegenheit für einen *asadito*, ein »Asadochen«, findet sich immer: weil Verwandte auf Besuch sind – und irgendwelche Verwandte sind immer zu Besuch, zumindest bei irgendwelchen Verwandten; weil das Wetter so schön ist; weil Dienstag ist. Die Maurer feiern ihr Richtfest mit einem Asado, die Brautleute ihre Liebe, der Rechtsanwalt seine Gehaltserhöhung. Man kann einen Asado am Strand begehen, man kann eine *quinta*, ein Wochenendhäuschen, dafür mieten. Man kann den Asado aber auch unter der nächsten Autobahnbrücke oder auf dem Balkon der Mietswohnung veranstalten. Allzu sehr werden sich die Nachbarn nicht aufregen, denn Asado muss

130

sein – das versteht jeder. Und so kann es schon mal vorkommen, dass man an einem Wochenende vier Asados absolviert: einen am Samstagmittag, einen am Samstagabend, einen am Sonntagmittag und einen am Sonntagabend. Und beginnen könnte man das Wochenende am Freitagabend mit – richtig, einem Asado.

Wobei der Haupt-Asado der am Sonntag um eins ist – das ist der Klassiker. Es lässt einem die Zeit, vorher in die Messe zu gehen und danach in die *cancha*, ins Fußballstadion.

Für den *asador*, den Priester dieser Grillzeremonie, also den Einladenden, beginnt der Asado am frühen Sonntagmorgen. Vor allem, wenn er ein Lamm über offenem Feuer zu brutzeln gedenkt, so wie es die paar übrig gebliebenen Gauchos noch heute in Patagonien tun: Dann muss er gleich nach dem Zähneputzen das Feuer entfachen, damit das Lamm über Stunden hinweg über den offenen Flammen rösten kann.

Es gibt machistischere Gesellschaften als die argentinische, das Land hat sogar eine Frau zur Präsidentin gewählt, aber: Grillen ist Männersache in Argentinien. Beim Asado kann der Mann beweisen, was er draufhat. Dass er ein Feuer anbekommt. Dass er eine tote Kuh gegart bekommt. Und, das Allerwichtigste, dass er seine Gäste alle satt bekommt. Dass ihm das Fleisch oder die Wurst ausgeht – das wäre wirklich der allergrößte Albtraum für einen Asador.

Das Anzünden des Feuers hat ihn sein Vater gelehrt. Der hat es von seinem Vater gelernt und der wiederum von seinem Vater. Und so wie jeder Mann von Wert seinen Stammmetzger hat, bei dem er das Fleisch für den Asado kauft, hat auch jeder sein eigenes Feuerkonzept. Der eine zündet das Holz mit dem Sportteil der *Nación* an, und zwar ausschließlich. Der andere mit dem von *Clarín*, weil die mehr Farbe habe, was besser sei für die Flammen. Der Dritte sagt, welche Zeitung, sei eigentlich egal, nur vom Vortag müsse sie unbedingt sein, denn nur dann sei sie trocken genug. Der Vierte meint, die

Zeitungsmethode sei eh fragwürdig. Viel besser gehe es mit einer Aludose mit Löchern, in der man das Holz aufschichten kann... Nur in einem Punkt sind sich alle einig: Grillanzünder, in Tuben, in Flaschen oder in Würfeln, sind etwas für Weicheier und verderben das Fleisch.

Auch in der Holzfrage lässt sich endlos fachsimpeln: Eiche, *quebracho* oder *mezquite*? Und wer gar kein Holz zur Verfügung hat und auf Grillkohle ausweichen muss, der sollte wenigstens in der Lage sein, die Beutel mit guter Kohle – das sind die mit den großen Stücken – von den Beuteln mit schlechter Kohle – das sind die mit den kleinen Bröckchen – per Abtasten im Supermarkt voneinander zu unterscheiden.

Kurzum, das Anzünden des Feuers ist im Prinzip eine sehr komplizierte Gleichung: Es gibt verschiedene Lösungswege. Welchen man wählt, ist eigentlich egal – nur das Ergebnis muss stimmen. Sollten einige Gäste schon beim Entzünden des Feuers zugegen sein, dann ist Fachsimpelei, praktischer Austausch von Asador zu Asador, durchaus erlaubt. Streng verboten ist es allerdings, dem Asador Ratschläge oder Tipps zu geben. Erst recht hat niemand ungefragt die Grillgabel zu ergreifen oder gar eigenhändig das Grillfleisch anzutasten. Das wäre respektlos, so wie man einem Fahrer nicht ins Lenkrad greift.

Man tauscht also beim Asado Erfahrungen und Techniken aus, erzählt sich Geschichten, darüber wie man einmal – weißt du noch, Jorge, damals in Chascomús? – bei 100 km/h Sturm und Regen von links ein Feuer zum Lodern gebracht habe, mit nichts als Zeitung und Brennholz. Oder wie einst – weißt du noch, Mauro? – dieser dämliche Deutsche, der unbedingt helfen wollte, das Brot für die Würstchen falsch geschnitten hatte, nämlich in dünne Scheibchen statt in Sandwich-Portionen?

Auch all das meint Saer, wenn er von der »Heraufbeschwörung der Vergangenheit« beim Asado schreibt. Aber er meint auch die Heraufbeschwörung der kollektiven Vergangenheit oder genauer gesagt: die Heraufbeschwörung einer erfundenen, nie da gewesenen Vergangenheit. Jedenfalls feiert der Argentinier, mag er auch in dritter Generation bei der Steuerinspektion oder in der Kinderabteilung der örtlichen Bücherei arbeiten, im Asado den Gaucho in sich. Den Gaucho, der einst durch die Pampas ritt, frei und niemandem untertan, und der sich dann und wann eine Kuh schnappte, sie kunstvoll zubereitete und dem Estanciero nur die abgezogene Tierhaut über den Gartenzaun hing. Das *campo* und die Stadt – im Asado sind sie vereint.

Deshalb ist das Sortiment, das beim Asado verspeist wird, ziemlich überschaubar, es gibt vor allem drei Dinge: Fleisch, Fleisch und Fleisch. »Cada bicho que camina va a parar al asador«, heißt es, in etwa auf Deutsch: »Jedes Viech, das kreucht, endet vor dem Asador.« Dabei wird die Auswahl dominiert vom Rindfleisch, das etwas teurere Schweinefleisch gilt als Delikatesse. Und Hühnchen gilt im besten Falle als Damenessen, aber eigentlich doch eher als, pardon: schwul. Man muss das so sagen, denn wie bereits erwähnt: Der Asado ist eine Angelegenheit des – durch und durch heterosexuellen – Mannes.

Auf den Weiden grasen Einwanderer

Spanische Eroberer kamen 1552 mit sieben Kühen und einem Stier aus Paraguay nach Argentinien – das waren angeblich die ersten Rinder in der argentinischen Pampa. Arbeitstiere, denen bestenfalls nach ihrem Tod noch die Haut abgezogen wurde, als Leder für den Export nach Europa. Für die Milch oder für das Fleisch interessierte sich niemand. So groß war schnell der Viehreichtum, dass die Gauchos die Tiere nur um ihrer Zunge willen abschlachteten – und den restlichen Kada-

ver einfach unter dem großen, blauen Himmel verrotten ließen. Noch im 17. Jahrhundert waren das Fett und das Leder
viel attraktivere Exportgüter als das Fleisch an sich.

1826 beginnt eine neue Ära auf Argentiniens Weiden, als
nämlich der Brite John Miller den Shorthorn-Stier Tarquin
aus der Heimat auf seine Estanzia *La Caledonia* in der Provinz Buenos Aires holen lässt und mit lokalen Rassen kreuzt.
Damit beginnt die eigentliche Rinderzucht in Argentinien.
Die goldenen Zeiten für Argentiniens Rinderbarone beginnen. Und zu globalen Playern werden sie, als – finanziert
von britischen Investoren – ab 1876 die ersten Kühlschiffe in
Betrieb genommen werden und das Fleisch vom Río de la
Plata in alle Welt exportiert werden kann.

Nicht nur die Bewohner der argentinischen Städte, sondern
auch die seiner Weiden kommen aus allen Teilen Europas:
Britische Hereford- und Aberdeen-Angus-Rinder, französische Charolais- und Limousin-Rinder und deutsches Fleck-
vieh werden eingeführt und nach und nach mit anderen Rassen gekreuzt.

Einen Stall hat kaum ein argentinisches Rind je von innen
gesehen, denn der Großteil der Vierbeiner ernährt sich immer
noch von Gras und Luft. Durchschnittstemperaturen zwischen 12 und 18 Grad und zwischen 500 und 1000 Millimeter
Regen pro Jahr: Das milde Klima der argentinischen Pampa
ist wie geschaffen für die Viehzucht. Dazu kommt noch, dass
die argentinischen Generäle im 19. Jahrhundert die Eingeborenen immer weiter dezimieren und zurückdrängen, bis
1882 der General Julio A. Roca in einem grausamen Vernich-
tungsfeldzug zigtausende von Indios umbringen lässt – und
damit einer Handvoll Rinderbaronen zu riesigen, neuen Flä-
chen und Reichtum verhilft. Insofern passt es auch, dass Roca
heute noch auf dem 100-Peso-Schein, der höchsten argentinischen Banknote, abgebildet ist.

Der Fleischpreis als Politikum

Heute grasen auf Argentiniens Weiden zwischen 50 und 60 Millionen Rinder. Das Fleisch ist eine der Hauptexporteinnahmen des Landes, es ist neben dem Tango und Maradona vielleicht der wichtigste Botschafter Argentiniens in der Welt.

Und mit dem Fleisch wird Politik gemacht in Argentinien: Wer sich als Abgeordneter oder sonstiger Inhaber eines politischen Amtes die Zustimmung seiner Wähler sichern will, sollte immer mal wieder die Kampfgefährten zu einem gigantischen Asado einladen, wo sich dann tischtennisplattengroße Grillroste unter Bergen von Fleisch biegen. Auch der Fleischpreis ist ein Politikum: Präsidentin Cristina Kirchner und ihr Vorgänger im Präsidentenamt, Ehemann Néstor, führten über fast ein Jahrzehnt hinweg einen stetigen Kampf gegen den *campo*, die Vertreter des Agrobusiness.

Mal wird per Gesetz das Mindestschlachtgewicht für Kälber um fast 100 Kilo hochgesetzt – so soll das Angebot steigen und der Fleischpreis sinken. Mal werden die Exportgebühren für Rindfleisch verdreifacht oder gleich ganze Fleischlieferungen ins Ausland am Flughafen abgefangen. Mal verkündet der Präsident einen sechsmonatigen Steak-Boykott und beschimpft die Rinderbarone als »Gauner« und »Schlawiner«. Mal empfängt die Präsidentin die fotografierende und filmende Presse beim demonstrativen Protestkauf einer Forelle. Mal gibt sie zu Protokoll, dass der Verzehr von Schweinefleisch mindestens so potenzfördernd sei wie Viagra. Mal lässt sie 1500 Rinder aus der Notfleischreserve des argentinischen Heeres schlachten.

Alles nur, um die Fleischhersteller zu niedrigeren Rindfleischpreisen zu zwingen. Denn wenn in Argentinien das Fleisch zu teuer wird, ist das so, als wenn in Bayern das Weißbier ausgeht oder in Italien die Pasta.

Nun ist der Berufsstand des argentinischen Rinderzüchters keiner, um dessen Existenz man sich grundsätzlich Sorgen machen müsste. Akute Prekariatsgefahr herrscht hier, zumal im Vergleich mit anderen gesellschaftlichen Schichten, wirklich nicht. Wer sich ein Bild davon machen will, braucht nur auf eine der vielen Estanzias zu fahren, die mittlerweile für Touristen – zumeist gegen harte Dollars übrigens – geöffnet sind: Die Bibliothek dort hat gerne mal der Filius von seinem Studienaufenthalt in Cambridge mitgebracht, den Marmor hat man sich von einer Bildungsreise durch Italien nachschicken lassen.

Und so funktionieren die Preissenkungsmaßnahmen der Regierung dann doch ebenso gut wie immer: In der Zeitung erscheinen Fotos, wie die Metzger an den Kreidetafeln ihrer *carnicerias* die Preise nach unten korrigieren, die Teller sind wieder voll. Aber mittel- und langfristig, klagen die Farmer, lohnt sich die Rinderzucht immer weniger, immer mehr von ihnen steigen daher auf den Anbau von Soja um – der inzwischen mehr als 50 Prozent der landwirtschaftlichen Anbaufläche verschlingt. Wenn es ihnen zu viel wird, blockieren sie mit ihren Lastwagen wieder mal ein paar wichtige Straßen im Land und boykottieren den Viehmarkt in Liniers ein paar Tage lang. Dann gibt es einen runden Tisch im Casa Rosada, man einigt sich auf ein paar Maßnahmen – und der Asado für den nächsten Sonntag ist wieder mal gesichert.

Pro Mann ein Kilo

Bei einem Edel-Asado gibt es ein paar *empanadas*, Teigtaschen, vorneweg – die haben die Frauen im Steinofen gemacht – und eine *provoleta*, einen gegrillten Provolone-Käse. Die Standardliturgie des Asados ist aber die: ein paar *choripanes*, also Brote mit in Schmetterlingsform aufgeschnittenen Würstchen;

dann die Innereien (Kalbsbries, Nieren, Pansen, gerne auch mal Stierhoden); dann die Blutwurst; und dann das eigentliche Fleisch. Die traditionellen *cortes* sind das Bauchfleisch und die Lende, also die fettreichen Teile. Aber die *fashion cortes*, die fettärmeren *ojo de bife*, *bife de lomo* und *bife de chorizo* werden immer begehrter.

Der Asador darf nicht zu wenig eingekauft haben, der Grillrost muss sich biegen unter der Last des Fleisches. Etwa ein Kilo Fleisch pro Gast, das ist die Faustregel. Und wenn am Ende etwas übrig bleibt vom Fleisch, um so besser. Dann hat man gleich einen Grund für den nächsten Asado …

Der Argentinier isst nicht gerne blutig oder medium, das Fleisch wird in der Regel *cocido* gegrillt – also so lange durchgebraten, bis der letzte Blutstropfen verschwunden ist.

»Obwohl das Essen normalerweiser ganz gut ist, muss man zugeben, dass die meisten Gaststätten grünen Pfeffer nicht von Oregano unterscheiden könnten«, schreibt die Schriftstellerin Ana María Shua über die argentinische Küche. Sie hat recht: Die Gauchos haben in aller Regel keinen Kühlschrank mit Soßenfach unter dem Sattel. Und weil der Argentinier mit dem Asado den Gaucho in sich beschwört, sind die Hauptbestandteile des Asados: Fleisch, frische Luft, Feuer und Salz. Der Asado ist eine archaisch-heroische Mahlzeit. Wer da nach Barbecuesoße oder sonstigem Schischi fragt, braucht mit einer weiteren Einladung nicht zu rechnen – Salz und Pfeffer müssen reichen, Senf oder Ketchup sind geduldet. Und *chimichurri*, die einzige amtlich gestattete Asado-Soße, eine Marinade aus Essig, Öl und Paprika. Salat ist die einzig konsensfähige Beilage, die zu reichen ist. Und zwar »Salat« im Sinne von irgendetwas Grünem mit ein paar Tomatenscheiben – ja nicht zu raffiniert. Folienkartoffeln, gegrillte Auberginen oder sonstige Exaltiertheiten kennt der gemeine Asado nicht. Erlaubt ist Bier, aber getrunken wird in der Regel Rotwein, und zwar ein kräftiger, tiefvioletter Malbec.

Wenn dann irgendwann die erste Ladung Fleisch verschlungen ist, wenn alle Beteiligten sich einig sind, dass das argentinische Fleisch doch mal wieder das beste auf der Welt sei und der Onkel der pubertierenden Nichte augenzwinkernd zuraunt, wie grandios das »argentinische Fleisch« auch aussehe – dann wird ein Applaus auf den Asador ausgerufen. Und der Argentinier weiß mal wieder: So schlecht geht es ihm ja eigentlich gar nicht.

Die zwei schlimmsten Getränke des Planeten: Mate und »Fernet Coca«

Die Welt hat Argentinien viel zu verdanken. Da ist der Tango, da ist Diego Maradona, da sind die Schriftsteller. Aber die Welt hat auch noch eine Rechnung offen mit Argentinien. Und zwar über die zwei schlimmsten aller Getränke, die das Land über sie gebracht hat: den »Fernet Coca«, also Fernet mit Cola. Und den Mate.

Das verbotene Kraut

Der Mate ist vieles: Er ist ein Ritual. Er ist ein Zeitvertreib. Er ist ein kulturelles und historisches Symbol. Er ist – zumindest für die, die daran glauben – eine Medizin. Er ist ein Behältnis für ein Getränk. Und, klar, er ist ein Getränk. Und zwar *das* Getränk.

Wenn der Autofahrer auf den endlosen Straßen im endlosen Patagonien oder in der endlosen Pampa unterwegs ist – der Mate macht sie ihm ein wenig kürzer. Wenn sich die Studentin im Examen von allen Restkenntnissen verlassen fühlt, der Mate lässt sie nicht im Stich. Und zum Gaucho gehört der Mate mindestens so sehr wie das Pferd und die Kuh. Die Arbeiter auf der Baustelle, die Nachhilfelehrerin mit ihrem Schüler, der Hausmeister mit dem Nachbarn auf dem Bürgersteig: Das Land und seine Leute sind nicht vorstellbar ohne das kleine, meist braune Trinkbecherchen mit dem Metall-Strohhalm in der Hand und der Thermoskanne unter der Achsel. Zum Frühstück oder vor dem Schlafengehen, vormittags in der Bürobesprechung oder abends nach Feierabend – Matezeit ist immer. Und mit wem man einmal Mate getrunken hat, der wird einem so schnell kein Feind.

Für normale Menschen schmeckt Mate nach aufgegossenem Gras. Was auch erst mal nicht falsch ist, denn das Matekraut *yerba* wird aus den Blättern des *Ilex paraguariensis* gewonnen, dem immergrünen Matebaum. Für Argentinier aber schmeckt Mate nicht nach Gras, für sie schmeckt Mate nach Gemeinschaft, nach Gemütlichkeit und nach der Weite der Pampa.

Der *Ilex paraguariensis* – Biologen zählen ihn zur Familie der Stechpalmen – fühlt sich nur zu Hause auf den feuchten, heißen, roten Böden der Subtropen Argentiniens, Brasiliens, Uruguays und Paraguays, zwischen dem 18. und dem 30. Grad südlicher Breite. Argentinien, wer sonst, ist Weltmeister in Sachen Produktion und Verbrauch: Rund 250 000 Tonnen Kraut verbrauchen die Argentinier jedes Jahr, das sind knapp unter 7 Kilo oder etwas über 100 Liter Mate pro Person. Laut Angaben der Nationalen Direktion für Nahrungsmittel verbraucht der Argentinier im Jahr durchschnittlich 30 Liter Wein, 50 Liter Cola etc., 34 Liter Bier – und 100 Liter Mate. Fast so viel wie Wasser.

Das *yerba* wird vor allem auf den Plantagen in den nordöstlichen Provinzen Corrientes und Misiones angebaut. Geerntet wird im südlichen Winterhalbjahr, von Mai bis Oktober. Dann werden die Blätter geschnitten, getrocknet und verpackt. Und dann, meistens in Halb-Kilo-Paketen, in den Supermärkten verkauft.

Auch wenn *yerba mate* botanisch überhaupt nichts mit dem Tee zu tun hat – das Ritual kann bei einer japanischen Teezeremonie kaum strenger sein. Jeder schwört auf seine eigene *yerba*-Marke, jeder hat sein eigenes Geheimnis, wie er den Mate zubereitet. Der eine nimmt ihn bitter, der andere gesüßt. Für die kleinen Kinder wird er mit Milch aufgegossen, in Paraguay gibt es im Sommer *tereré*, ein Erfrischungsgetränk mit *yerba*. Aber getrunken wird der Mate immer aus dem »Mate«, einem mehr oder weniger kleinen Becherchen, birnenförmig, mit Öffnung oben und dickem Bauch. Ursprünglich war der Mate ein ausgehöhlter Minikürbis, heute gibt es ihn auch als metallene Standardküchenware im Supermarkt oder als stylisches Designobjekt. Das Kraut wird in den Mate gestopft und mit heißem Wasser – nicht kälter als 70 Grad und nicht heißer als 85, sagen die Mate-Experten – übergossen. Durch den metallenen Trinkhalm, die *bombilla*, wird der Sud dann getrunken. Und zwar reihum, im Uhrzeigersinn – alle aus demselben Mate, alle durch dieselbe *bombilla*. Ein weiteres Mategesetz: Den ersten Schluck – staubig und bitter – bekamen früher immer nur die Sklaven verabreicht, heute darf er auch ausgespuckt werden, wenn gerade kein Sklave zur Hand ist. Und *gracias* sagt nur, wer nichts mehr will. Ansonsten macht der Mate von Hand zu Hand die Runde –, abstellen ist verboten –, bis die Thermoskanne leer oder das *yerba* ausgelaugt ist. So vergeht die Zeit über einem *matecito*, einem »Matechen«, nach dem anderen – bis es wieder Zeit ist, ins Büro, auf die Baustelle oder sonst wie ans Werk zu gehen.

Was da durch den Metallhalm geschlürft wird, haben Bonner Wissenschaftler mit deutscher Präzision erforscht: Vitamine, Mineralstoffe und bis zu 2,6 Prozent Koffein. Daher die anregende Wirkung, die Europäer vor allem beim ersten Probieren spüren. Und auch die Vermutung, dass der Mate den

Hunger dämpft, haben die Forscher vom Institut für Nutz-
pflanzenwissenschaften und Ressourcenschutz am Lehrstuhl
Tropischer Pflanzenbau an der Universität Bonn nun wissen-
schaftlich beglaubigen können. Argentinier behaupten außerdem, dass der Mate die Konzentrationsfähigkeit erhöht, den
Cholesterinspiegel senkt, das Herz besser schlagen lässt, die
Eiweißverdauung ankurbelt, der Schlaflosigkeit vorbeugt und
die jugendliche Haarfarbe erhält. Was die Bonner Forscher
allerdings so direkt nicht nachweisen konnten.

Mag sich der Argentinier noch so spanisch, italienisch,
französisch oder sonst wie europäisch fühlen – der Mate macht
ihn zum Südamerikaner, verbindet ihn mit der Kolonialge-
schichte: Die Guaraní-Indianer kennen *yerba mate* schon seit
uralten präkolumbianischen Zeiten. Sie kauen es auf ihren
Märschen durch den Regenwald, es ist für sie das, was Koka
für die Hochländer ist, die aus dem Altiplano. Als aber Ende
des 16. Jahrhunderts jesuitische Missionare anrücken, um den
Guaraní die Frohe Botschaft zu überbringen, halten die das
yerba für Teufelszeug. Das Tribunal der Heiligen Inquisition
zu Lima macht dem Kraut 1610 den Prozess und erklärt seinen Gebrauch zur Sünde, die Kolonialbehörden verhängen
harte Strafen. So verfügt der Gouverneur von Asunción, dass
jeder Spanier für den Besitz von *yerba* Hundert Pesos Strafe
zu bezahlen habe und jeder Indianer bekäme dafür 100 Peit-
schenhiebe. Der Gouverneur von Buenos Aires verhängt ein
strenges Einfuhrverbot. Wer dagegen verstößt, muss 15 Tage
in den Kerker. Beschlagnahmte *yerba*-Lieferungen werden auf
der Plaza de Mayo verbrannt.

Doch das Kraut lässt sich nicht ausrotten, und so folgen die
Jesuiten dem alten Motto: »If you can't beat them, join them.«
Das *yerba*, argumentieren sie nun, sei ein ausgezeichnetes Mittel gegen den Hunger. Sie lassen sich den Anbau genehmi-
gen und perfektionieren ihn in ihren Siedlungen, den *reducciones*. Ab Mitte des 17. Jahrhunderts sind Anbau und Export

von *yerba mate* zur Haupteinnahmequelle des Jesuitenstaates geworden. Das Kraut spült den Missionaren so viel Geld in die Kassen, dass König Carlos III. Angst hat vor einer jesuitischen Gegenmacht mit eigenen Armeen. Er verfügt 1767 die Auflösung der *reducciones*, die Siedlungen werden Hals über Kopf aufgegeben und die Indianer in den tropischen Regenwald zurückgeschickt. (Der Film *The Mission* mit Jeremy Irons und Robert De Niro, 1987 nominiert für den Oscar als bester Film, zeichnet diese Geschichte nach.)

Wie die Jesuiten das *yerba mate* kultiviert haben, dieses Geheimnis geht mit dem Untergang der Siedlungen und Plantagen verloren. Und wird erst Anfang des 20. Jahrhunderts wiederentdeckt, als der moderne Mateanbau beginnt.

Wie der Mate aber wirklich zu den Menschen kam, das weiß eine Legende der Guaraní-Indianer: Es war einmal ein armer, alter Greis, der mit seiner jungen Tochter im Regenwald lebte. Eines Tages taucht aus dem Unterholz ein Fremder auf, müde und hungrig vom Wandern. Der Alte heißt den Unbekannten willkommen, bietet ihm ein Nachtlager und teilt mit ihm das wenige an Essbarem, das er hat. Hinter dem Unbekannten aber steckt Tupá, der höchste Gott der Guaraní, der Schöpfer des Himmels, der Erde, der Wasser und aller Lebewesen. Als Dank für die Gastfreundschaft hinterlässt Tupá dem Greis ein Geschenk – das Matekraut. Sodass der Alte nie mehr Hunger leiden musste. Und wenn er auch gestorben ist – das *yerba* lebt noch heute.

Rasenmähersprit in Gläsern

Sollte in diesen Jahren ein gigantischer Meteorit in Buenos Aires einschlagen und sollten in ein paar Jahrhunderten Archäologen nach den Spuren dieser rätselhaften Zivilisation am Río de la Plata suchen und sollten die Herren Archäologen dabei auf die Trümmerfelder einstiger Bars und Restaurants stoßen – davon gibt es ja nicht gerade wenige in Buenos Aires –, dann werden sie ins Grübeln kommen. Sie werden feststellen, dass auf allen Getränkekarten in allen Bars »Fernet Coca« angeboten wurde. Sie werden feststellen, dass sich neun von zehn Gästen am Abend jenes ominösen Meteoriteneinschlages an Gläsern festgehalten haben, die eine braunklebrige Flüssigkeit enthielten. Und sie werden sich fragen: Warum haben die Menschen das damals getrunken? Und sie werden damit so ziemlich den Nagel auf den Kopf treffen.

Denn eine der großen Fragen, die man an Argentinien und an die Argentinier stellen muss, ist: Warum kippt man so etwas wie Fernet Coca nicht in den Tank des Rasenmähers, warum trinkt man so was? Und: Warum trinkt man so was freiwillig? Und: Wenn man so was getrunken hat – warum bestellt man an der Bar dann noch mal dasselbe, um so was nochmals zu trinken?

Grob vereinfacht, lässt sich die jüngere Getränkegeschichte Argentiniens so darstellen: Vor ein, zwei Generationen war Argentinien noch ein Wein-Land. Man trank ihn mittags, man trank ihn abends. Auch die kleinen Kinder bekamen – Cola war noch nicht verbreitet – Wein vorgesetzt, mit viel Wasser zu Schorle aufgespritzt. Dann kamen die Jahre des *pizza y champagne.* Jene Zeit, in der Präsident Carlos Menem das Land von der Motoryacht und vom Tennisplatz aus regierte und die Mittelklasse zum Shopping lieber nach Miami flog, als ins Stadtzentrum von Buenos Aires zu fahren. Da trank man eben – Champagner. Oder zumindest Schaumwein.

Der Fernet Coca ist schon lange vorher entstanden. Fernet Branca ist ein italienischer Kräuterlikör, angeblich von einem Mailänder Apotheker erfunden. Die italienischen Einwanderer schleppten ihn ins Land ein. Lange Zeit tranken ihn nur die Opas als Verdauungsschnäpschen oder verabreichten ihn auf Löffelchen den Enkeln, wenn die Magendrücken hatten.

Alles andere also als ein cooles Getränk. In den Sechziger- und Siebzigerjahren müssen Studenten auf die verhängnisvolle Idee gekommen sein, mal Opas guten alten Fernet zu testen. Und einige fanden wohl: Wenn man abends zwischen all den anderen Alkoholika mal einen Fernet schlürft, dann ist der Kater am nächsten Morgen nicht ganz so schlimm. Man kombinierte ihn mit Cola, Fernet Branca schaltete in den Achtzigerjahren die ersten Werbespots, um das Getränkeduett zu promoten – und so wurde der Fernet Coca zum Nationalgetränk. Es gibt zwar noch ein gutes Dutzend anderer Marken, die den Kräuterlikör produzieren, aber der einzig wahre ist der Fernet Branca! Heute verkauft Fernet angeblich über 13 Millionen Liter jährlich in Argentinien – fünfmal so viel wie zu Beginn der Achtzigerjahre.

Man trinkt ihn in Bars. Man trinkt ihn daheim. Man trinkt ihn mit Freunden. Man trinkt ihn allein. Wer aufbricht zu Freunden, schaut noch schnell am Kiosk vorbei und besorgt sich eine Flasche Cola und eine Flasche Fernet Branca. Der Satz, mit einem Anflug von Panik in der Stimme gesprochen: »Was ist los, gibt es echt keinen Fernet Coca mehr?« ist nicht nur argentinisches Alltagsgut. Er hat es auch schon als Refrain eines Song-Textes auf die Rock-Bühnen der – zumindest südamerikanischen – Welt gebracht. Und Coca Cola hat dank der Paarung mit dem Fernet Pepsi die Marktführerschaft in Argentinien abgejagt – denn »Fernet Pepsi« bestellt nun wirklich niemand.

Tja, und wie schmeckt Fernet Coca? – Das einzig Nette, das man über das Getränk sagen kann: Es ist ein ehrliches Getränk. Es verspricht einem genau das, was es dann auch einhält: Es ist ziemlich egal, in welchem Verhältnis man Cola und Fernet mischt, das Resultat ist immer braun. Ein Farbton zwischen güllebraun und hustensaftbraun. Und so schmeckt das Nationalgetränk der Argentinier auch. Ein bisschen klebrig, ein bisschen bitter, ein bisschen süß. Es gibt Menschen, die behaupten, man gewöhne sich irgendwann an den Geschmack, der zehnte schmecke besser als der erste und der hundertste besser als der zehnte. Alles Ideologie. Alles von Fernet Branca unters Volk gebrachte PR! Und wer glaubt, er könne sich über die Eiswürfel retten, der irrt: Die machen den Fernet Coca zwar dünner. Aber dafür muss man dann auch länger daran trinken.

Eine Weltmacht im Konjunktiv: Argentiniens Wirtschaft

Milch und Honig

Nur mal angenommen, es wäre alles anders gekommen. Angenommen also, am 11. September 2001 wären Terroristen mit Flugzeugen in die Zwillingstürme des Centro Mundial de Comercio im Bankenviertel von Buenos Aires geflogen. Und hätten damit gegen die gnadenlose Macht des westlichen Kapitalismus protestiert, den die alles dominierende Hypermacht Argentinien als reichstes Land der Erde verkörpert wie kein anderes. Und angenommen, jener gigantische Staatsbankrott wenige Monate später in den USA, als die Zentralregierung in Washington bekannt gab, dass sie die riesigen Schuldenzertifikate in Pesos nicht mehr zurückzahlen konnte, hätte niemanden wirklich überrascht, weil eh niemand mehr glaubte, dass die USA noch ein Land der Ersten Welt waren.

Angenommen, alles hätte sich so ereignet – es wäre gar nicht so unrealistisch gewesen, schreibt der britische Wirtschaftswissenschaftler Alan Beattie in seinem Buch *False Economy*. Denn die USA und Argentinien hatten einst ziemlich ähnliche Ausgangsbedingungen. Und dass einerseits die USA heute so unangefochten reich und mächtig sind und andererseits Argentinien ein so krisengeschütteltes Land ist, das hätte vor 100 Jahren niemand geglaubt.

Es gibt für Wirtschaftswissenschaftler eigentlich nur zwei Sorten von Ländern: unterentwickelte und entwickelte. Und dann gibt es noch Japan, eine kleine Insel, quasi ohne Rohstoffe, die es zur Weltmacht gebracht hat. Und es gibt Argentinien. Eine Weltmacht, die es immer wieder schafft, ihr enormes Potenzial zu verspielen. Hätte, müsste, könnte, würde: Argentinien ist eine wirtschaftliche Großmacht im Konjunktiv.

Argentinien hat Platz. Argentinien hat Rohstoffe. Argentinien hat so ziemlich alle Klimazonen, die es auf der Erde gibt. Sodass so ziemlich alles, was irgendwie wachsen kann, dort auch wächst. Argentinien hat jede Menge Wasser. Und es hat, dank eines vergleichsweise guten Schulsystems, die am besten ausgebildete Arbeiter- und Angestelltenschaft in Lateinamerika. So gab es Zeiten, da war dieses Argentinien tatsächlich das Land, in dem Milch und Honig flossen. In der argentinischen Belle Epoque fuhren die Estancieros auf Erste-Klasse-Dampfern in die Sommerfrische nach Europa. Mit den eigenen Hereford-Kühen an Bord – damit die Nachkommenschaft bloß keine fremde Milch trinken musste. Und für die Geliebte war meistens auch noch Platz an Bord. Man schickte die Söhne zum Studium nach Oxford oder an die Sorbonne. Man holte sich, wenn es ein Haus zu bauen gab, den Architekten aus Paris und den Marmor aus Carrara. »Riche comme un argentin«, »reich wie ein Argentinier« – das war an der französischen Côte d'Azur eine stehende Wendung. Was heute die arabischen Ölscheichs sind oder die russischen Oligarchen, das waren einst die argentinischen Estancieros in ihren goldenen Jahren vor dem Ersten Weltkrieg. Schließlich ist die argentinische Pampa so fruchtbar, dass man eigentlich nur einen Rinderknochen auf die Weide legen muss – und schon wächst daraus eine Kuh.

Dementsprechend wuchs auch das Selbstbewusstsein nicht nur der argentinischen Rinderzüchter: »Der echte Argentino«, schreibt 1907 Frankreichs Premierminister Georges Clemenceau, »scheint überzeugt davon zu sein, dass es ein magisches Jugendelexier gibt, das aus seinen Böden entspringt und ihn zu einem neuen Manne macht, der Nachkomme von niemandem, aber der Vorfahre endloser Generationen nach ihm.« Der spanische Philosoph José Ortega y Gasset schreibt 30 Jahre später: »Das argentinische Volk gibt sich nicht damit zufrieden, eine Nation unter anderen zu sein: Es sucht ein höheres Schicksal, es verlangt von sich selbst eine erhabene Zukunft, es kennt keine Geschichte ohne Triumph und ist entschlossen anzuschaffen.« Die Argentinier – ein Volk mit »imperialem Anspruch«, so Gasset.

Das argentinische Pro-Kopf-Einkommen liegt Anfang des 20. Jahrhunderts deutlich höher als das der USA, Kanadas, Frankreichs oder Italiens, das Land gehört vor der Weltwirtschaftskrise in den 1930er-Jahren zu den fünf reichsten Ländern der Welt. Die Millionen von Italienern und Iren, die Ende des 19. Jahrhunderts der Armut in ihren Heimatländern entfliehen wollen, sind hin und her gerissen: Ein Ticket nach New York oder nach Buenos Aires? Zigtausende von Anarchisten und Sozialisten entscheiden sich für Buenos Aires, sie glauben an eine neue Gesellschaft auf südamerikanischem Boden, eine Gesellschaft ohne Ausbeuter und Ausgebeutete.

Es gibt zu jener Zeit in Argentinien mehr Autos pro Kopf als in Frankreich und mehr Telefonleitungen als in Japan. Noch 1942 – das neutrale Argentinien beliefert sowohl die Achsenmächte als auch die Alliierten mit Nahrungsmitteln – prophezeien ernst zu nehmende Ökonomen: Nach dem Ende des Zweiten Weltkrieges werde das Land ein Viertel der Weltproduktion herstellen. Es soll anders kommen.

»Estamos en crisis« – ein Land und seine Krise(n)

Die argentinische Belle Epoque ist – abgesehen von ein paar Ausnahmen – längst vorbei. »Estamos en crisis«, »Wir sind in der Krise«: Mit diesem Sinnspruch wächst der Argentinier auf.

Ein Argentinier von heute nicht einmal 40 Jahren hat – wenn er das Land nicht klugerweise mindestens einmal auf längere Zeit verlassen hat – Folgendes erlebt: eine Inflation mit 900 Prozent und später 4900 Prozent Preissteigerung pro Jahr; dann eine 1 : 1-Anbindung des Peso an den Dollar, eine Art gedoptes Wirtschaftswunder mit Ferien in Miami; dann einen Staatsbankrott, der die Hälfte der Bevölkerung in die Armut und mehr als ein Zehntel der Bevölkerung unter die Hungerschwelle treibt; dann wieder einen Aufschwung mit Ferien an der eigenen Atlantikküste; und daraufhin wieder eine Inflationsperiode, von der keiner weiß, wann sie einmal enden wird.

Kurzum: Langfristige Planung, Stabilität, eine Art schwäbischer Bausparermentalität – sie würde in Argentinien gar keinen Sinn machen. Das »Mañana te pago«, »Morgen bekommst du dein Geld«, ist ein geflügeltes Wort in Argentinien – wobei *mañana* ein sehr dehnbarer Begriff ist. Wenn man dann endlich den Scheck bekommen hat, ihn bei der Bank einlöst und feststellt, dass er nicht gedeckt ist – ein »Estamos en crisis« geht immer durch als Ausrede. »Wir sind schließlich in der Krise«, da müssen die Schecks ja praktisch platzen.

Schon Albert Einstein schrieb nach einem längeren Aufenthalt in Buenos Aires: »Was mich am meisten an Argentinien überrascht, ist, wie ein dermaßen desorganisiertes Land es zu solchen Errungenschaften gebracht hat.«

Das einstige Mutterland Spanien, dessen Wohlstandsniveau Argentinien noch bis vor einer Generation um das Doppelte übertraf, liegt inzwischen weit vor Argentinien. Selbst das lange belächelte Nachbarland Brasilien ist längst an Argentinien vorbeigezogen.

Und woran liegt das nun alles? Wie kam es, dass aus Argentinien – im Vergleich etwa zu den USA – ein ökonomischer Loser wurde? Dass ein Land von der Ersten Welt in die Dritte abstürzen konnte? Und wie kann es sein, dass selbst, als das Land die »Kornkammer der Welt« war und einer der größten Fleischproduzenten der Erde, nur jeder dritte junge Mann tauglich zum Militärdienst war – und der Rest aus Unterernährung zu klein und zu schwächlich und zu ungesund? Und woran liegt es, dass das Land jedes Mal, wenn es so halbwegs auf die Beine gekommen ist, wieder versinkt im Chaos aus Inflation, Stagnation oder auch mal einer Militärdiktatur?

Wer eine schlüssige Antwort auf die Gründe der argentinischen Malaise weiß, der ist unmittelbar reif für den Wirtschaftsnobelpreis – und den für Frieden gleich dazu.

Die Argentinier jedenfalls, deren Familien spanischer Herkunft sind, sagen: Die eingewanderten Italiener sind schuld. Die Schlauen und die Cleveren seien in die USA eingewandert, nur das Lumpenproletariat habe es nach Argentinien verschlagen.

Ganz falsch, an den Spaniern liegt das argentinische Drama, sagen die, deren Familien italienischer Herkunft sind: Die Spanier hätten doch nie gelernt zu arbeiten, sondern leben im Kopf immer noch ein koloniales Komfortleben.

Recht haben beide Seiten vielleicht insofern, als dass Argentinien aus seinen vielen Ethnien und Gruppen doch gar nicht so zusammengewachsen ist, wie das auf den ersten Blick scheinen mag. Während einer Fußball-WM oder zum Nationalfeiertag versinkt das Land in einem Fahnenmeer, auf das jeder stramme US-Patriot neidisch werden könnte. Aber so wirklich glauben an das Land, dessen blau-weiß-blaue Fahne man da schwenkt, mag eigentlich niemand. Wenn das »Hört, Ihr Sterblichen!« irgendwo erklingt, dann erheben sich alle –

151

aber keiner singt mit, denn die Nationalhymne auswendig zu lernen, die Mühe macht sich niemand.

Stürzt der Peso zu stark ab oder verdichten sich sonst wie die Zeichen für eine Krise, werden die Schlangen vor den ausländischen Konsulaten gleich wieder länger, und man kramt seinen italienischen, spanischen oder tschechischen Pass aus der Schublade. Nur für alle Fälle.

Gemessen am Anteil der Bevölkerung, kamen mehr Immigranten nach Argentinien als in die USA. Aber sie kamen später, und sie konnten weniger. 1914 war jeder dritte Argentinier Analphabet. Und zwischen 1850 und 1930 nahmen nur fünf Prozent der Einwanderer überhaupt die argentinische Staatsbürgerschaft an, Italien gewann 1934 die Fußball-Weltmeisterschaft mit drei Argentiniern auf dem Platz.

Die meisten Wirtschaftswissenschaftler sind sich wenigstens darüber einig, dass das argentinische Drama nur sehr unwesentlich mit den eingewanderten Spaniern oder mit den Italienern, respektive mit deren jeweiligen Mentalitäten zu tun hat. Uneins sind sie sich allerdings darüber, ob – das sagen die einen – nicht letztlich die nationale Oligarchie, die paar Familien, die sich die Rinderzucht unter den Nagel gerissen haben und die genauso wenig in eine solide wirtschaftliche Basis investierten wie die internationalen Spekulanten, ob also nicht das national-internationale Kapital die argentinische Wirtschaft immer wieder verkrüppelt hat. Und ob nicht die Militärdiktatur mit ihren 30 000 Verschwundenen dem Land eine ganze Generation fähiger Intellektueller, Ingenieure und Lehrer geraubt habe, die Argentinien noch heute fehlen. Oder ob, das finden dann die anderen, nicht letztlich doch Perón an allem schuld war – mit seinen Urlaubsgesetzen für die Arbeiter, mit seiner Einführung der 44-Stunden-Woche und mit den von ihm eingeführten Rechten für die Landarbeiter. Ob nicht alles viel besser wäre, wenn es nicht diese internationalistischen, landesverräterischen Gewerkschafter, diese importierten Kommunisten gäbe, die dem Unternehmertum nur in den Arm fallen.

Halbwegs einig sind sich die Ökonomen über die Korruption: Ein politisches System, das seine politischen Eliten alle paar Jahre austauscht, verleitet dazu, dass sich jeder in seiner Amtszeit die Pfründe sichert, die er sich nur sichern kann. Nur so ist zu erklären, warum in neuen, vom Staat gebauten Mietwohnungen von den Öfen bisweilen nur die Außenverkleidung installiert ist oder warum Computer an Schulen geliefert werden, die gar keinen Stromanschluss haben. Uneins wiederum sind sich die Fachleute darüber, wie die Korruption zu bremsen ist.

Wirtschaftlich gesehen gab es und gibt es immer zwei Argentinien: einerseits das Land der Rinderbarone, das seine Reichtümer in alle Welt verschiffte, mit Geschäftspartnern in aller Welt verkehrte, das englische oder spanische oder deutsche Investoren mit offenen Armen empfing und dem ausländischen Kapital satte Renditen versprach und diese – mal mehr und mal weniger – auch einlöste; und andererseits das Land der – de jure und später nur noch de facto – Rechtlosen, die keine vernünftigen Sozialleistungen, keine funktionierenden Schulen und kein sauberes Trinkwasser haben, die die Krümel nehmen müssen, die ihnen vom Kuchen der Herren übrig bleiben. Dazwischen gab und gibt es eine Mittelklasse, die mal größer und mal kleiner ist, und die stets vom Aufstieg in das goldene, europäische Argentinien träumt. Und doch stets den Abstieg in das lateinamerikanische Drittwelt-Argentinien fürchten muss.

Aus den frühen wirtschaftlichen Erfolgen wuchs in Argentinien keine solide Basis. Die Strukturen in den US-Südstaaten vor dem Amerikanischen Bürgerkrieg – riesige Güter mit ein paar reichen Landbesitzern und schlecht bezahlten Arbeitern –, in Argentinien überlebten sie. Auf die erste Globalisierungswelle, an der die argentinischen Herren der Pampas noch teilgenommen hatten, folgte keine zweite. Eine wirklich durchgreifende Industrialisierung des Landes hat nie stattgefunden, ein Chicago oder ein Pittsburgh, ein Manchester oder ein Glasgow auf argentinischem Boden hat es nie gegeben. Und so zählt auch das Label *Industria Argentina* bei so gut wie keinem Produkt so gut wie nirgends in der Welt – abgesehen von den Steaks. Laut dem britischen Ökonom Alan Beattie gehörte noch 1914 die Hälfte des Fixkapitals im Lande – Eisenbahnen, Fabriken, das Telegrafensystem, die Fleischverarbeitungsbetriebe – den Ausländern. Und noch heute kommen auf argentinischen Bahnsteigen die Züge nicht rechts an, sondern links. Eine Wirtschaftsmacht von globaler oder auch nur regionaler Bedeutung ist aus Argentinien nie geworden – es blieb immer nur ein Exportparadies für Ausländer.

In einem aber sind die Argentinier absolute Weltklasse – in der individuellen Anpassung an die kollektive Achterbahnrealität:

Als die Regierung den *corralito* einführt, das »Laufställchen«, das den Argentiniern verbietet, mehr als 1000 Pesos vom eigenen Bankkonto abzuheben, nehmen die Menschen ihre Kochtöpfe, Bratpfannen und Kochlöffel aus den Schränken, ziehen auf die Straße und machen Krach. Spontan, von niemandem organisiert, protestieren sie. Abend für Abend. Bis der Präsident abgesetzt wird.

Als die Firmen allesamt zusammenkrachen und sich mangels Bankkrediten die Geschäftsleitungen verdünnisieren, schließen sich die Argentinier einfach zu Produktionsgenossenschaften zusammen und übernehmen die Firmen selbst: Bankrotte Schuhfabriken, Backfabriken, Bonbonfabriken, Supermärkte, Hotels, Verlage bringen sie wieder auf die Beine. Und einige dieser *empresas recuperadas*, »wiederhergestellten Unternehmen«, verkaufen schon bald ihre Produkte oder Dienstleistungen auf dem Weltmarkt, mit mehr Angestellten und höheren Gehältern als je zuvor. Nur ohne Chef.

Und als, quasi über Nacht, jeder dritte Argentinier seine Arbeit und sein Einkommen verliert, gründen die Menschen Tauschringe: Zahnbehandlungen gegen Salatköpfe, Psychotherapie oder Französischstunden gegen selbst gemachte Nudeln.

Sorgen machen muss man sich um dieses Volk also eigentlich nicht.

Die ewige Evita:
Wie in Argentinien
Politik gemacht wird

»Wenn das Volk glücklich wäre und das Vaterland groß, dann wäre es ein Recht, Peronist zu sein. In unseren Tagen aber ist es eine Pflicht, Peronist zu sein.«
17. Oktober 1949

»Seid beruhigt, ihr, meine Hemdlosen: Ich gebe nicht den Kampf auf. Ich gebe nur die Ehrentitel auf.«
31. August 1951, Rücktritt von der Kandidatur zur Vizepräsidentin

»Ich wollte und ich will nichts für mich. Einzig das Wappen Peróns und die Flagge meines Volkes gilt mir als Ruhm und wird mir je als Ruhm gelten, und auch wenn ich Fetzen meines Lebens auf dem Weg lasse, weiß ich, dass ihr meinen Namen aufsammeln werdet und als Fahne zum Sieg tragen werdet.«
17. Oktober 1951

Irgendwo zwischen Komödiant und Märtyrer verortet der argentinische Soziologe Juan José Sebreli in seinem brillanten Buch *Comediantes y mártires* die argentinischen Nationalhelden: Carlos Gardel, den Gott des Tangos; Diego Maradona, den Gott der Lederkugel; Ernesto Che Guevara, den Über-Guerillero; und Evita Perón, die Heilige der Hemdlosen.

Auf niemanden trifft dieses Begriffspaar besser zu denn auf Evita. Denn Komödiantin war sie qua Beruf. Und die Rolle der Märtyrerin war die Rolle ihres Lebens, die Rolle, für die die eine Hälfte des Volkes sie auf ewig lieben wird – und die andere auf ewig hassen.

Evita mag auf den ersten Blick als die nebensächlichste unter diesen argentinischen Heldenfiguren erscheinen. Als eine, deren Bedeutung – im Unterschied zu den drei anderen Nationalhelden – nur abgeleitet ist von der Bedeutung eines anderen.

Aber das wäre ein naiver Blick auf Evita.

Denn ohne Evita kein Perón – oder zumindest kein Perón mit jener Bedeutung, die der Oberst später einnehmen sollte. Ohne Evita kein Peronismus – eine politische Bewegung, die nun seit bald einem Dreivierteljahrhundert Argentinien prägt. Und ohne Evita auch keine Cristina Kirchner, die ein halbes Jahrhundert später jene Rolle einnimmt, die Evita stets verwehrt blieb.

Wer, kurzum, heute Argentiniens politische Verfasstheit verstehen will, muss sich mit Evita auseinandersetzen. Einer Person, bei der Mythos und Wahrheit immer schwieriger auseinanderzuhalten sind, je länger sie tot ist.

So wie das bei Komödianten und Märtyrern nun mal üblich ist.

Ein argentinisches Aschenputtel

María Eva Duarte Ibarguren kommt am 7. Mai 1919 in Los Toldos zur Welt, einem Kaff in der Provinz Buenos Aires, nicht weit von der Bahnstrecke in die Hauptstadt. Ihr Vater ist ein reicher Großgrundbesitzer und hat, das ist damals gar nicht so unüblich, zwei Familien: eine legitime, mit der Ehefrau; und eine illegitime, aus der stammt María Eva, als fünftes Kind.

Insofern kommt diese María Eva Duarte Ibarguren schon mit zwei Herkünften auf die Welt: einerseits als die Tochter eines Quasi-Aristokraten; andererseits als Uneheliche. Sie wird ihr Leben lang nach dem Dasein einer höheren Tochter streben und versuchen, aus sich eine feine Dame zu machen. Gleichzeitig wird sie die Heilige der Land- und Rechtlosen geben. Eine Mischung aus Jackie Kennedy und Mutter Teresa. Die Oberklasse wird ihr zeit ihres Lebens – und noch lange danach – ihre Herkunft übel nehmen. Und die einfachen Menschen werden sie gerade dafür verehren, dass es eine von ihnen ganz nach oben geschafft hat, in den Präsidentenpalast, von den Königshäusern und Staatschefs dieser Welt empfangen. Und auch das Umfeld, in dem sie aufwächst, hat zwei Seiten: kleinbürgerlich und ärmlich, einerseits; aber doch vom Radio und von den aufkommenden Illustrierten geprägt. Ein Mädchen, das etwas aus sich machen will, muss eigentlich nur in die Bahn steigen und knapp 250 Kilometer gen Osten fahren – schon ist sie in der Hauptstadt, in Buenos Aires. Im Licht der Scheinwerfer.

Und schon wird aus María Eva Ibarguren vom Land bald Eva Duarte, die Schauspielerin aus Buenos Aires. »Ihre künstlerische Berufung«, schreibt der Soziologe Juan José Sebreli, »war einerseits subjektiv, andererseits sozial bedingt; schließlich gab es zu jener Zeit wenige Aufstiegschancen für eine arme Frau, die Unabhängigkeit suchte.«

Das junge Ding aus der Provinz – weder besonders hübsch noch besonders hässlich, sagen im Nachhinein die, die früh mit ihr zu tun haben, nicht besonders talentiert aber auch nicht besonders schwer von Begriff – diese Eva Duarte also singt sich nach oben, spielt sich nach oben, ja und sie schläft sich wohl auch nach oben.

Auch dies, ihren liederlichen Lebenswandel – von dem man heute gar nicht mehr weiß, wie sehr er der Realität entspricht und wie sehr er von ihren Gegnern dramatisiert wird – werden sie später der Eva vorwerfen: die Kirche, die feinen Damen aus dem Barrio Norte. Von der *yegua* oder *potranca* werden sie mit abgespreizten Fingern sprechen, von der »Stute«. Die Hemdlosen werden diesen Begriff auch verwenden – ihn aber umdeuten, von ihr als »Zugpferd«, als »Anführerin« reden.

Im Kino hat Eva nicht das erhoffte Glück: Sie bekommt ein paar Rollen, aber der Durchbruch will ihr nicht wirklich gelingen. Die deutsche Fotografin Annemarie Heinrich hat Ende der Dreißigerjahre den Auftrag, die – damals noch schwarzhaarige – Schauspielerin zu fotografieren. Und zwar in »suggestiver Pose«. Heinrich wird sich später erinnern, dass sie der jungen Dame an gewissen Stellen Taschentücher in den – geliehenen – Badeanzug stopfen musste, um – nun ja, um ihre Kurven ein wenig vorteilhafter erscheinen zu lassen.

Im Radio allerdings hat Eva Erfolg, sie macht Karriere am Mikrofon. »Das Leben ahmt die Kunst weit mehr nach als die Kunst das Leben«, schrieb Oscar Wilde in seinem Essay »Der Verfall der Lüge«. Er hätte diesen Satz über Eva Duarte schreiben können, denn Eva Duarte spricht ab 1943 in einer Serie von *Radio Belgrano* über große Frauen der Geschichte die Rollen von Königinnen und großen Schauspielerinnen. Ein Jahr später spielt sie im Film *La pródiga*, ihrem letzten, gar eine Frau, die ihre verlotterte Vergangenheit wiedergutmachen will.

Da ist Eva Duarte allerdings schon auf dem Weg zu einer neuen Verwandlung, ihrer Verwandlung von Eva Duarte, der Schauspielerin, in Evita Perón, der Mutter der Nation. Ihre Vergangenheit als Landmädchen aus Los Toldos wird sie aufgeben. Aber die dramatische Stimme und die großen Gesten einer Schauspielerin werden ihr für den Rest des Lebens bleiben.

Von Eva Duarte zu Evita Perón

Che Guevara hat seinen magischen Moment, die Begegnung, ohne die aus ihm nicht die überlebensgroße Figur geworden wäre, als er Fidel Castro beim Nudelessen trifft. Eva Duarte hat diesen Moment, als sie 1944 Juan Domingo Perón begegnet.

Argentinien gerät zu jener Zeit politisch und wirtschaftlich in eine Sackgasse: Die USA, die man während des Zweiten Weltkrieges noch mit Weizen und Rindfleisch beliefert hat, brandmarken die argentinische Regierung als faschistisch. Die Achsenmächte, mit denen man ebenfalls gute Geschäfte gemacht hat, brechen zusammen. Das Militär hat – wieder einmal – die Macht im Land übernommen, ist aber gespalten zwischen den moderaten Kräften, die das Land öffnen wollen und die Nähe zu den USA suchen, und den Nationalisten, die ein eigenständiges, unabhängiges und neutrales Argentinien wollen. Zu Letzteren zählt Juan Domingo Perón.

Perón, 1895 als Sohn eines Bauern geboren, wächst in Patagonien auf und geht im Alter von 16 Jahren auf die Militärakademie. Bei der Kavallerie, den Herren zu Pferd, ist für einen Bauernsohn wie ihn kein Platz, er macht Karriere bei den Infanteristen. Er heiratet ein erstes Mal, seine Frau wird acht Jahre später an Krebs sterben – und zwar an demselben, dem später auch Evita erliegen wird. Perón wird befördert, man schickt ihn als argentinischen Militärattaché an die Botschaft im faschistischen Rom. Er reist nach Spanien, wo er den drei Jahre älteren Diktator Francisco Franco kennenlernt; und er wird nach Berlin versetzt.

Im Offizierskorps haben zwar die die Oberhand, die die Gewerkschaftsbewegung unterdrücken wollen, die in der anti-kirchlich, internationalistisch denkenden Arbeiterschaft eine Gefahr sehen. Dennoch verschafft Perón sich Einfluss und Respekt und wird 1943 Staatssekretär im Arbeitsministerium. Damit ist er auch für die Nationale Kommission für Billige Häuser und die Einwanderungsbehörde zuständig, er hat das Ohr am Puls des Volkes. Mit den streikenden Eisenbahn-gewerkschaftlern und den Arbeitervertretern anderer Indus-trien handelt er einen Kompromiss nach dem anderen aus. Die Gewerkschaftspresse hebt ihn auf die Titelseiten: Perón ist der neue starke Mann im Staat.

Der Januar 1944 ist ein besonders heißer Sommermonat. Wer es am Samstag, dem 15. Januar, nicht an die Küste oder in sein Sommerhaus geschafft hat, ist froh, wenn er ins Kino ge-hen kann, um der Hitze zu entfliehen. Mitten in der 20-Uhr-Vorstellung, um 20:52 Uhr, wackelt Buenos Aires. Bald schon rennen Zeitungsboten über die Straßen und verteilen Extra-blätter, es werden Radiosendungen geschaltet: Ein Erdbeben hat die westargentinische Provinz San Juan besonders schwer erwischt und die gleichnamige Provinzhauptstadt in 40 Se-kunden komplett zerstört. Rund 15 000 Menschen sterben, 90 Prozent der Gebäude sind zerstört, die älteste Stadt Argen-tiniens liegt in Trümmern wie nach einem Bombenangriff.

Perón koordiniert die Rettungs- und Wiederaufbauarbei-ten. Das, was für Helmut Schmidt das Hamburger Hochwas-ser sein wird, ist für ihn das Erdbeben in San Juan: eine nati-onale Katastrophe, die einen Helden gebiert.

Er wendet sich in einer Radioansprache an sein Volk und die Vertreter von Banken, Industrie und Handel und fordert die Schauspieler, Schriftsteller und Musiker des Landes zu einer Benefizveranstaltung im Luna Park auf. Dort wird er Eva kennenlernen.

Viele Schauspieler und sonstige Berühmtheiten gehen mit Büchsen auf die Straße und sammeln Geld für die Benefizveranstaltung, auch Eva sammelt und bringt es auf 633 Pesos und 10 Centavos – nicht wirklich eine Rekordsumme. Doch an jenem Abend im Luna Park setzt sie sich nach ihrem Auftritt neben Perón, schmeißt wenig später María Yurbel – Peróns damalige jugendliche Geliebte – aus seiner Wohnung, organisiert die Rückführung der María in die Heimatstadt Mendoza und bezieht schon bald die gemeinsame Wohnung im feinen Barrio Norte. Auch wenn die beiden erst anderthalb Jahre später heiraten – ab jenem Abend im Luna Park ist aus Eva Duarte die Evita geworden, Evita Perón.

Die Heilige der Hemdlosen

Perón hebelt die Arbeiterbewegung aus, indem er den Arbeitern Rechte verschafft, die sie nie zuvor in der Geschichte des Landes hatten: Er führt bezahlten Urlaub für alle ein, Schutzvorschriften am Arbeitsplatz, funktionierende Arbeitsgerichte. Die Gewerkschaften zwingt er in seine und Evitas Gefolgschaft. Den Unternehmern und der militärischen Führung wird dieser Mann zu gefährlich, sie zwingen ihn im Oktober 1945 zum Rücktritt und verbannen ihn auf eine Insel im Río de la Plata.

Doch Evita organisiert mit einigen wichtigen Gewerkschaftlern einen Protestmarsch zum Casa Rosada, wie ihn das Land noch nicht gesehen hat. Der Präsident gibt klein bei, lässt Perón herbeischaffen und freie Wahlen ausrufen. Kein halbes Jahr später wird Evita als *Primera Dama*, als Gattin des Staatspräsidenten Perón, vom Balkon des Regierungspalastes zu den Menschen sprechen.

Es sind nur sechs Jahre, in denen sie ihren Gatten an der Macht begleitet. Doch in diesen sechs Jahren wird Evita zu einem politischen Superstar, wie es weder Jackie Kennedy noch Hillary Clinton – ganz zu schweigen von Angela Merkel – jemals geworden sind.

Perón hatte in Berlin, Madrid und Italien den faschistischen Einheitsstaat studieren können. Er sucht nach einem argentinischen »dritten Weg« zwischen Kommunismus und Faschismus und gewährt dazu den Arbeitern immer weiter gehende Rechte. Und vereinnahmt im Gegenzug ihre Organisationen, verwebt diese immer mehr in ein Herrschaftssystem, in dessen Zentrum er steht. Und Evita.

Evita, deren Filme inzwischen längst aus den Kinos getilgt sind, deren Kleider der Leibschneider einmal pro Saison von Dior in Paris herbeischafft, deren braunes Haar längst engelsblond gefärbt ist und deren Fotos allesamt sorgfältig choreografiert sind, ist nicht nur das Maskottchen des Präsidenten. Ihre Hinwendung zu den »Hemdlosen«, den *descamisados*, schafft die Grundlage für Peróns Vorherrschaft. Mit ihren eigenen Organisationen zerstört sie die Gewerkschaftsbewegung, ihre Umarmung der Arbeiterklasse entrechtet diese in Wahrheit.

Ein offizielles Staatsamt wird Evita nie haben, ihre Kandidatur zur Vizepräsidentin wird von den Militärs verhindert. Doch Evita gründet eine eigene Organisation am Staat vorbei, oder genauer gesagt: in ihn hinein und aus ihm heraus – die *Fundación Eva Perón*. Die Arbeit dieser Stiftung finanziert sich aus Geldern, die den Unternehmen abgepresst werden, und aus Zwangsbeiträgen, die den Arbeitern vom Lohn abgezogen werden. Eine private Stiftung, die als solche niemandem Rechenschaft schuldig ist – aber doch auch aus dem Staatshaushalt genährt wird. Dem Erziehungsministerium werden die Gelder für die Errichtung von Schulen abgezogen, dem Gesundheitsministerium die für den Bau von Krankenhäusern. Juan José Sebreli schreibt: »Somit wurde das, was eigentlich ein am Gemeinwesen orientiertes, behördliches Verfahren hätte sein müssen, zu einer Wundermaschine politischer Günstlingswirtschaft und Propaganda für das herrschende Paar.« Evita setzt sogar Personal aus der Stiftung als Streikbrecher ein, rennt selbst nachts über die Bahnsteige, um die Eisenbahnarbeiter von den geplanten Arbeitsniederlegungen abzubringen.

Oder ist das nur ihr Double, wie häufig behauptet wird? Jenes Double, welches auch als Evita nachts durch die Kinderkrankenhäuser schleicht und nachschaut, ob die kranken Kinder sanft schlafen? Oder ist das Gerede vom Double nur eine infame Legende, die ihre Feinde in die Welt gesetzt haben?

Es ist heute nicht zu klären. Evita bleibt eine schillernde Figur. Sie ist die feine Dame; der blonde Engel, der auf seiner »Regenbogenreise« einen Pulk an Gesellschaftsfotografen und -reportern durch halb Europa schleift. Sie ist die, die einen Jesuitenpater als PR-Berater engagiert, der ihr sagt, in welcher Kirche sie an welchem Altar in welcher Pose niederzuknien hat. Und sie ist die Schutzpatronin der Armen, die sich auch auf jener Europareise mehr für die Slumkinder von Madrid als für die Sehenswürdigkeiten der Stadt interessiert.

Daheim in Buenos Aires empfängt sie in den Räumen ihrer Stiftung die Armen und Hilfsbedürftigen. Schon vor Tagesanbruch stehen sie Schlange bei ihr, manche werden erst am darauffolgenden Morgen bedient. Alleine im ersten Halbjahr 1951, hat Tomás Eloy Martínez recherchiert, verschenkte Evita fünfundzwanzigtausend Wohnungen und fast drei Millionen Kisten an Medikamenten, Möbeln, Kleidern, Fahrrädern und Spielzeug.

Sie ist die nationale Kummertante, sie fragt die Hemdlosen nach ihrer Gesundheit, erkundigt sich nach den familiären Umständen, ja nach dem Liebesleben. 1951 ist Eva Trauzeugin von 1608 Paaren – die Hälfte schon mit Kindern. Eine wie sie weiß schließlich, was es heißt, unehelich geboren zu sein.

Die Kirche stört sich immer mehr an dieser unheimlichen Heiligen: ihrer unehelichen Herkunft; ihren außerehelichen Beziehungen; ihrer Zuständigkeit für die vielen guten Werke, die doch eigentlich der Kirche gebühren; und an ihrer Verehrung durch die Massen als Quasi-Heilige. Auch die Oberschicht hasst diese Landpomeranze, die Argentinien diesen arbeiterfreundlichen Präsidenten beschert hat. »Viva el cancer!«, »Es lebe der Krebs!«, pinseln sie an die Hauswände, als bekannt wird, dass Evita an Unterleibskrebs leidet. Und genau wie Peróns erste Frau wird María Eva Duarte Perón an dieser Krankheit sterben, aus Deutschland eingeflogene Ärzte können daran nichts mehr ändern. Ihren Tod am 26. Juli 1952 werden die einen betrauern und die anderen feiern, Perón wird keine drei Jahre später gestürzt und ins Exil gedrängt.

Nachwirkungen der Evita

Schon vor ihrem Tod erhält der Vatikan Zigtausende von Briefen, die die Heiligsprechung der Evita verlangen. Der Vatikan antwortet, sinngemäß, dass man zur Heiligsprechung erst einmal tot sein müsse. Als Evita tot ist, kommen noch mehr Briefe. Der Vatikan antwortet, dass eine Heiligsprechung sich für gewöhnlich hinzieht. Was Evitas Verehrung aber keineswegs mindern wird.

In Argentinien werden – von Maradona einmal abgesehen – nur die überlebensgroß, die schon gestorben sind. Und so ergeht es Evita wie den anderen Nationalhelden: Beinahe jedes zweite argentinische Mädchen, zumindest im armen Norden des Landes, heißt in jenen Jahren Eva oder María Eva, hat Eloy Martínez recherchiert. Und die, die nicht das Glück haben, den Namen ihrer Wahlheiligen zu tragen, wollen wenigstens aussehen wie sie: Sie lassen sich die Haare blondieren, tragen glockenförmige Röcke und Schuhe mit Zierbändern am Knöchel.

Noch heute findet man vor allem in den ärmeren Haushalten Fotos von Evita, meist neben der Jungfrau von Luján, mit Blumen und Kerzen umrahmt. Sie bleibt den Armen in Erinnerung als die Frau, die ihnen einst ein Fahrrad, eine Matratze oder ein paar Pesos geschenkt hat. Und als diejenige – auch wenn das so gar nicht stimmt –, die den argentinischen Frauen das Wahlrecht verschafft hat. Als die auf Erden herabgestiegene Maria, nur in blond. »Evita me ama«, »Evita liebt mich«, ist für viele Argentinier bis heute der erste Satz, den sie zu lesen gelernt haben. Und *La razón de mi vida* ihr erstes Buch – denn Evitas erbauliche Aufsatzsammlung ist für mehrere Schuljahrgänge Pflichtlektüre.

Evitas Leichnam, der zunächst einbalsamiert und ausgestellt werden soll wie der von Lenin, geht auf eine skurrile Reise um die halbe Welt. Sie wird fast viermal länger dauern als ihr öffentliches Leben. Der Sarg wird zwischendurch gekidnappt, auf einem Friedhof in Mailand gelagert und von einem Wächter heimlich im eigenen Haus versteckt, der darüber versehentlich seine Ehefrau erschießt. Heute liegt Evita auf dem Recoleta-Friedhof im feinen Norden von Buenos Aires, Planquadrat 3 B. Im offiziellen Friedhofsführer steht hinter ihrem Namen als Berufsbezeichnung »Landbesitzer«. Und wenn ein Film gedreht wird über sie, dann muss schon Madonna für die Hauptrolle her – drunter geht es nicht. Kein Zweifel also: Diese María Eva Duarte Ibarguren hat es zu etwas gebracht.

Der Peronismus nach Perón: Politik auf Argentinisch

In Argentinien hat, wie in praktisch allen amerikanischen Ländern, der Staatschef ziemlich viel zu sagen und das Parlament, die Regierung und die Justiz ziemlich wenig. Das Regierungssystem ist auf den Mann, beziehungsweise die Frau an der Spitze zugeschnitten. Nach seiner oder ihrer Pfeife haben alle Institutionen im Staat zu tanzen. Max Weber hätte seine Studien über die »charismatische Herrschaft« in Argentinien aufs Vortrefflichste verfeinern können.

Dieser Personenkult ist ersichtlich am permanenten »-ismo«: Sobald von den politischen Ambitionen eines Bürgermeisterkandidaten namens Mauricio Macri, eines abgehalfterten Präsidenten Eduardo Duhalde oder auch nur eines Stadtplanungsreferenten namens Julio Cobos die Rede ist, schreiben die Zeitungen vom »Macrismo«, vom »Duhaldismo« oder vom »Cobismo«. Als stünde jeder dieser Männer für eine über Jahrzehnte entwickelte Doktrin, für eine politische Grundrichtung, wie das sich für einen »-ismus« gehören würde. Dabei steht jeder dieser Männer eigentlich nur für sich selbst und seine Anhänger.

Diese Fixierung auf Personen hat zum einen mit dem Regierungssystem an sich zu tun, wie es in der Verfassung angelegt ist. Sie hat mit der Tradition des Caudillos zu tun, der Willkürherrschaft eines charismatischen Militärs oder Großgrundbesitzers, seit Anfang des 19. Jahrhunderts Teil der lateinamerikanischen Folklore. Aber sie hat in Argentinien auch im Wesentlichen mit jener Erbschaft zu tun, die Juán Domingo Perón dem Land hinterlassen hat – mit dem Peronismus.

Auch 40 Jahre nach dem Tod seines Begründers ist er die prägende politische Kraft in Argentinien. Der Peronismus ist eine der – aus machterhaltstechnischer Sicht – erfolgreichsten Institutionen Lateinamerikas. Und eine der skurrilsten und effektivsten und gleichzeitig hemmendsten politischen Bewegungen auf der Welt. Er ist für die einen der ewige Schuldige an allen Übeln, die Argentinien jemals heimgesucht haben, heimsuchen oder heimsuchen werden. Und er ist für die anderen die eine messianische Kraft, die das Land von allen Übeln zu erlösen vermag.

Was also ist der Peronismus?

Wer versucht, ihn zu begreifen, hat ein aufwendiges, vielleicht lebenslanges Projekt vor sich. Deshalb sollte zunächst geklärt werden, was der Peronismus *nicht* ist: Er ist keine politische Partei im klassischen Sinne. Das, was Perón selbst als »Peronistische Doktrin« in Büchern veröffentlichen ließ, waren zumeist Reden, die einander häufig widersprachen. Der Peronismus ist also keine einheitliche politische Philosophie.

Schon eher ist der Peronismus eine Glaubensfrage. Ein Bekenntnis, das man annehmen oder verteufelnd ablehnen kann. Und er ist vor allem eine politische Allzweckwaffe, mit der sich politische Gegner in Argentinien, je nach Bedarf, als anti-peronistisch oder eben als peronistisch abkanzeln lassen.

Wer aus Bayern kommt, könnte den Peronismus als einen Franz-Josef-Strauß-esken Politikansatz verstehen, der Franz Josef Strauß um Jahrzehnte zu überdauern vermag. Also CSU plus SPD plus Arbeitgeberverbände plus Gewerkschaften, und das auf Ewigkeit – das wäre in etwa der Peronismus.

Ein bisschen faschistisch, ein bisschen links und national-populistisch zugleich.

Unter Peróns Führung wird die Gewerkschaftsbewegung aufgewertet und gleichzeitig gebrochen, indem die Arbeiter mehr Rechte bekommen und ein paar Hundert Gewerkschaftsbosse staatlich alimentierte Posten. Die Opposition lässt Perón verfolgen, die Presse knebeln, die Justiz an die Leine legen. Die Eisenbahnen lässt er genauso verstaatlichen wie die Telefongesellschaft und andere Unternehmen. Der Staat bestimmt die Preise, der Staat bestimmt die Löhne, der Staat bestimmt über Ausfuhrsteuern, was exportiert werden darf und was im Lande zu bleiben hat. Auch wenn der Peronismus keinem Rassenwahn verfällt wie der Nationalsozialismus, auch wenn er bei Weitem nicht das Ausmaß an Grausamkeit und Gewalt gegenüber seinen Gegnern zeigt wie der Faschismus eines Mussolini oder eines Hitler oder die Diktaturen im eigenen Land: Er ist ein Faschismus light.

Und das ist im Prinzip bis heute so:

Wer gegen Perón ist und/oder gegen die Peronisten, ist gegen das Volk und gegen das Vaterland. Deshalb ist der Peronismus auch keine Partei, er ist mehr, größer als eine Partei. Denn das würde ja voraussetzen, dass andere Parteien auch ihren Platz hätten in der Politik. Für den Peronisten sind Wahlen ein mögliches Instrument, um an die Macht zu kommen – aber es gibt eben auch andere.

Ein Stil statt einer Doktrin

Es gibt allerdings ein eisernes Gesetz in der argentinischen Politik: Wahlen gewinnen immer die Peronisten. Dass Raúl Alfonsín als Kandidat der sozialdemokratischen UCR 1983 zum Präsidenten gewählt wurde, ist die eine Ausnahme, die die Regel bestätigt. Und auch heute ist es so, dass nichtperonistische Politiker nur dann Karriere machen, wenn sie sich mit dem Peronismus arrangieren.

Im Namen der Peronisten haben innerhalb weniger Jahre zwei Politiker das Amt des Staatspräsidenten inne, die unterschiedlicher nicht sein hätten sein können. Der eine, Carlos Menem, von 1989 bis 1999 Staatspräsident, regiert sein Land im Wesentlichen von der Motoryacht oder vom Tennisplatz aus, verscherbelt einen Staatsbetrieb nach dem anderen und singt das Hohelied der Privatisierung. Der andere, Néstor Kirchner, Präsident von 2003 bis 2007, macht sich zum Fürsprecher der Geknechteten dieser Erde, hält Gipfel ab mit anderen Linksdinosauriern wie Fidel Castro und Hugo Chávez und verstaatlicht, was er nur verstaatlichen kann. Zwei politische Programme, wie sie verschiedener kaum sein könnten. Und doch bezeichnen sich beide als Peronisten und sind auch Peronisten reinsten Wassers. Der Griff nach der totalen Macht, die Veränderung der Spielregeln nach Gutdünken, der Austausch von Richtern, Zentralbankern, Gewerkschaftsfunktionären, Chefredakteuren: Dieser Herrschaftsstil ist es, der alle Peronisten chrakterisiert. Und Peronistinnen.

Sollte also Perón heute aus seinem Quartier im blau-weißen Himmel einen gelegentlichen Blick werfen auf die Amtsgeschäfte seiner Nachnachnachfolgerin Cristina Kirchner: Er wäre zufrieden.

Gute 50 Jahre später ist sie die eigentliche Enkelin der kinderlosen Evita: Cristina Kirchner, die als Gattin des Staatspräsidenten Nestór diesem in seinem Amt 2007 nachfolgt und damit jene Rolle einnimmt, die Evita in ihrer Zeit noch nicht einnehmen konnte.

Und wenn man dann Cristina so beobachtet, kommen einem gewisse Dinge bekannt vor.

Ein Beispiel: Präsidentin Cristina – auch sie ein femininer Dandy – geht auf Europareise, im Flugzeug kommt auch der oberste aller Gewerkschaftsbosse mit. Auf dem Programm stehen Treffen mit den wichtigsten Staats- und Regierungschefs, auch ein Besuch beim spanischen König. Die Präsidentin setzt sich persönlich dafür ein, dass der Gewerkschaftsboss beim Empfang des spanischen Königs keinen Frack und keinen Schlips tragen muss und dennoch dem König die Hand schütteln darf – wider das Protokoll. Das Foto vom Regelbruch erscheint in allen Zeitungen, das kommt bei der Gewerkschaftsbasis gut an – ein großes Plus für die Wiederwahl auf dem nächsten Kongress.

Im Flugzeug arrangieren Präsidentin und Gewerkschaftsboss Lohnerhöhungen für die 1200 Zeitungs- und Magazin-
austräger unter dem Dach seiner Organisation. Dann kann die
Regierung den regierungskritischen Medien damit drohen,
dass sie nicht ausgeliefert werden. Die Wiederwahl der Präsidentin, sie scheint ein gutes Stück näher gerückt.

Und der Peronismus steht wieder mal vor einem strahlenden Sieg.

»Sohn einer verdammten Hure« – und andere Nettigkeiten

Warnung: Leserinnen und Leser unter 21 sollten dieses Kapitel nur unter Anleitung einer moralisch gefestigten Person lesen, am besten mit einer Bibel unter der linken Hand.

»Ey, Fettsack, wie geht's?«

»Ey, Verrückter, danke gut. Mensch, du Vollidiot, echt schön, dich zu treffen!«

»Finde ich auch, Schwachkopf! Bei der Fotze meiner Mutter, ich muss eigentlich in die Arbeit, aber, ey, Depp, hast du noch Zeit für 'nen Kaffee?«

Auch wenn diese Sprache nach einem bekifften Drehbuchautor für Teenie-Filme klingen mag: Exakt so begrüßen sich in Buenos Aires soignierte Herren in Anzug und Krawatte. »Du verdammter Hurensohn«, sagt auf dem Tennisplatz der Soziologieprofessor zum Belletristikverleger, wenn Letzterer Ersterem einen nichtretournierbaren Aufschlag serviert hat.

»Bei der Fotze deiner Mutter«, sagt die distinguierte Dame an der Boutiquenkasse, wenn sie die Kreditkarte nicht schnell genug findet. »Die Hure von Mutter, die dich geboren hat«, murmelt die Diplomatin im Auto, wenn der Vordermann an der grünen Ampel nicht schnell genug auf das Gaspedal getreten ist. So ist das nun mal in Argentinien. Ein vollständiger deutscher Satz, so haben wir das in der Schule gelernt, enthält Objekt, Subjekt und Prädikat. Ein argentinischer Satz, so bekommen es schon die kleinen Kinder beigebracht, enthält ein Schimpfwort, einen Fluch und eine Beleidigung. Ein amerikanischer Psychologe hat vor Kurzem herausgefunden, dass in seinem Land im Schnitt fünf Prozent der Arbeitsplatzunterhaltung und zehn Prozent der Freizeitkonversation aus Schimpfwörtern besteht. In Argentinien dürfte das Verhältnis in allen Lebensbereichen bei um die 90 Prozent liegen.

Am liebsten wird sexuell anrüchig geflucht, idealerweise spielt noch die Vagina der Mutter oder der Schwester oder eine unterstellte Homosexualität eine Rolle. Andere Lateinamerikaner, in deren Gesellschaften man noch eine Ehre zu verteidigen und zu verlieren hat, erröten vor Scham, wenn sie Argentinier sprechen hören. Unflat ist inflationär in Argentinien. Das argentinische Wort für »fluchen« sagt eigentlich schon alles: *putear*, es kommt von *puta*, »Hure«.

Man sollte aber dem Argentinier sein Zetern und Keifen, sein Beleidigen und Herabsetzen, sein Granteln und Fluchen, seine Obszönitäten und Vulgärausdrücke nicht übel nehmen. Es gehört zu seiner Kultur, ja vielleicht sogar zu seiner Natur. Fluchend kommt er einfach besser durch den Tag. Warum auch sollte das Fluchen den Hafenarbeitern vorbehalten sein? Und warum nur im Fußballstadion und am Tresen das tun, was man doch auch den Rest des Tages tun könnte?

Der Karikaturist und Schriftsteller Roberto Fontanarossa, den man übrigens *El Negro*, »den Neger«, nannte, hat dazu einmal geschrieben: »Mein Psychoanalytiker sagt, dass das Fluchen unverzichtbar ist, um sich zu entlasten, um den Stress loszuwerden und diese ganzen Sachen. Deshalb bin ich für eine Amnestie für alle Schimpfwörter.« Vielleicht ist es ja wirklich die kathartische Funktion, die das Beleidigen für die Argentinier so wichtig macht. Genug durchzumachen hat das Land ja.

Verhaltensbiologen haben herausgefunden, dass das menschliche Schimpfen ein Erbstück unserer Vorfahren aus dem Tierreich ist, wo durch lärmende Demonstration auf die eigene Stärke aufmerksam gemacht wird. Malediktologen, die das Schimpfen in unterschiedlichen Kulturen vergleichen, meinen, dass der Flucher immer das in seiner Gesellschaft größte Tabu zu verletzen sucht. Dass also in prüden Gesellschaften am sexuell aufgeladensten geflucht wird und in katholischen Gesellschaften vor allem gotteslästerlich. Da scheinen die Argentinier mal wieder ein Sonderfall zu sein. Verdammt!

Der Obelisk, fast die Atombombe und jedes Jahr die »Toten Hosen«: Die Deutschen in Argentinien

»Son muy fríos, allá, no?« Der durchschnittliche Argentinier weiß, was er vom durchschnittlichen Deutschen zu halten hat: »Ihr da drüben seid sehr kalt, oder?!« wird man als Deutscher in Argentinien gerne – nun ja, eigentlich eher belehrt als gefragt. Auch und besonders von Argentiniern, die das kalte Land in der Mitte Europas bestenfalls von der Landkarte her kennen.

Der Deutsche wird geachtet in Argentinien, so wie man deutsche Autos, Küchengeräte und Baumaschinen schätzt für ihre Zuverlässigkeit und technische Präzision. Geliebt wird er nicht. Deutschland ist kein Sehnsuchtsland, es löst bei den Argentiniern weder Heimweh aus – wie Spanien oder Italien – noch den Traum von Eleganz – wie Frankreich –, noch verheißt es alle Möglichkeiten – wie die USA.

So wie die Deutschen üblicherweise Fußball spielen, mit viel Kraft, Effizienz, Präzision und Fleiß, aber doch etwas hüftsteif und seelenlos, so stellt sich der Argentinier Deutschland vor. Und Roboter liebt man nicht, man respektiert sie bestenfalls.

Andererseits ist für den, der aus Deutschland kommt, Viertel nach sieben etwas sehr Absolutes. Etwas, das Viertel nach sieben heißt, im Unterschied zu zehn nach oder zwanzig nach sieben. Wer aus Argentinien kommt, weiß: Viertel nach sieben ist etwas sehr Relatives; es kann halb acht, Viertel nach acht oder Viertel nach neun heißen. Es kann theoretisch auch Viertel nach sieben heißen – aber eben nur theoretisch.

Trotzdem oder vielleicht gerade deswegen hat sich der Deutsche, historisch gesehen, stets sehr wohl gefühlt in Argentinien. Er hat festgestellt, dass es sich nicht lohnt darüber zu klagen, dass Viertel nach sieben doch eigentlich Viertel nach sieben heißen müsste. Das Land hat anderes zu bieten als pünktliche Verabredungen – es hat viel mehr zu bieten. Und so haben Deutsche das Land am Río de la Plata seit dessen Gründung immer wieder buchstäblich heimgesucht. Sie haben mitgeholfen, das Land überhaupt zu »entdecken« und zu schaffen, ohne Deutsche gäbe es den Tango nicht; sie haben versucht, vom Río de la Plata aus am Aufbau des Tausendjährigen Reiches mitzuwirken oder diesem ebendort zu entfliehen; Deutsche haben dem Land die U-Bahn und fast die Atombombe geschenkt; sie haben Schulen, Universitäten, Ministerien mit aufgebaut – und sie haben seinen Generälen geholfen, Unschuldige zu massakrieren.

Söldner, Priester, Ingenieure

Hans Brunberger, ein Steinmetz aus Mainz, gehört zu den ersten Menschen, die sich überhaupt am Río de la Plata dauerhaft niederlassen: Brunberger – in manchen Quellen auch als Brunbecher geführt – ist als Abgesandter der Fugger 1526 an Bord, als der Venezianer Sebastiano Caboto gen Río de la Plata segelt und dort die erste Siedlung gründen lässt. Fast 200 Jahre später kommen deutsche Jesuitenpatres an den

Río de la Plata, bauen Orgeln, bringen die erste Drucke-
rei in Gang. Ein Bergwerksdirektor aus Krakau wird im Auftrag der Krone nach Spanisch-Südamerika geschickt, nach
Potosí, damals Teil des Vizekönigreiches Río de la Plata, um
den Ertrag aus den Silberminen mehren zu helfen. Mit jener
Gründlichkeit, die seinen Landsleuten noch heute in Argentinien nachgesagt wird, zeichnet er minutiös sämtliche Miss-
stände auf, die ihm ins Auge fallen, schickt Verbesserungs-
vorschläge hier und Optimierungsmöglichkeiten da an den
Hof nach Madrid. Bis man dem Mann erst höflich und dann
immer bestimmter nahelegt, seine Arbeit anderswo fortzuset-
zen, beziehungsweise komplett einzustellen.

Der Baron Eduard Ladislaus Kaunitz (auch Kailitz, Kan-
nitz) von Holmberg, vermutlich aus Böhmen stammend und
angeblich Absolvent einer preußischen Militärakademie, wird
von spanischen Militäragenten angeworben und lässt sich
1812 nach Buenos Aires verschiffen. Dort ernennt ihn General Manuel Belgrano, der für die Unabhängigkeit von Spanien kämpft, zu seiner rechten Hand. Bei der Schlacht von
Tucumán besiegen Belgranos Truppen eine Übermacht von
Royalisten mit dreimal so vielen Männern.

Domingo Faustino Sarmiento ist vielleicht der größte
Deutschland-Fan in der Geschichte Argentiniens – zumindest der größte unter den Staatspräsidenten. Sarmiento, der
Argentinien den Rücken kehrt, einige Jahre durch Europa
reist und dabei auch Deutschland kennenlernt, wird 1848 ein
Buch namens »Deutsche Auswanderung und Colonisation«
schreiben, eine Art Anwerbeschrift für deutsche Einwanderer.
Es heißt dort: »Die Deutschen werden überdies von der Nati-
onalbevölkerung gern gesehen wegen ihrer sprüchwörtlich
gewordenen Rechtschaffenheit, ihrer Arbeitsamkeit und ihres
friedliebenden und ruhigen Charakters, und dieser Umstand
verschafft ihnen in ihrer Aufnahme einen Vorzug vor den Tau-
senden von Fremden, welche jährlich sich daselbst nieder-

lassen.« Sarmiento wirbt Wolgadeutsche en masse an, deren Nachfahren samt den von ihnen aufgestellten Beethoven-Büsten in über 100 Ortschaften, vor allem in Entre Ríos, leben. Als Sarmiento 1868 zum Staatspräsident gewählt wird, lässt er den Stralsunder Insektenforscher Carl Hermann Conrad Burmeister eine naturwissenschaftliche Fakultät in Córdoba gründen. Acht Lehrstühle für deutsche Professoren darf er auch noch einrichten. Burmeister, ganz der deutsche Wissenschaftler, verbietet Staatspräsident Bartolomé Mitre später beim Betreten seiner naturwissenschaftlichen Sammlung die Zigarette in der Hand. Und dann stirbt Burmeister so, wie ein deutscher Forscher zu sterben hat: im Alter von 85 Jahren, als er von der Leiter in seiner Bibliothek stürzt. Für ihn wird ein Staatsbegräbnis ausgerichtet.

Als General Julio Argentino Roca in den 1870er-Jahren seinen »Wüstenfeldzug« unternimmt, also die Indianer umbringt und die »Wüste« für das zivilisierte Argentinien erobert, hat er deutsche Zoologen, Botaniker und Geologen in seinem Trupp. Sie schreiben Gutachten darüber, welches Stück Land wie fruchtbar gemacht werden könnte. Kurzum: Die Deutschen sorgen ein Stück weit dafür, dass das junge Land funktioniert. Wenn die Argentinier gerne als »die Preußen Südamerikas« bezeichnet werden, dann liegt das auch daran.

Aber nicht nur deutsche Naturwissenschaftler, auch die Arbeiterschaft sucht in Argentinien ihr Glück. Als Reichskanzler Otto von Bismarck sein »Gesetz gegen die gemeingefährlichen Bestrebungen der Sozialdemokratie« durch den Reichstag peitscht und damit die Parteien, Gewerkschaften und Druckerzeugnisse der Arbeiterschaft verbietet, ziehen die »reichsfeindlichen« Genossen ins Ausland. In die Schweiz, in die USA – und eben nach Argentinien. Sie gründen am Neujahrstag 1882 – da gibt es schon das *Argentinische Tageblatt* und das *Deutsche Hospital* und die Freimaurerloge *Deutschland* – den Verein *Adelante*, »Vorwärts«. Daraus werden später die sozialistische Partei Argentiniens und mehrere Gewerkschaften entstehen. Die »Internationale« wird am 1. Mai 1890 zum ersten Mal überhaupt in der Neuen Welt gesungen – und zwar auf Deutsch, bei der Feier zum ersten Mai in Buenos Aires. Mitglieder des »Vorwärts« werden später übrigens auch das Lehrerpaar Erich und Nadja Bunke, die als Kommunisten 1935 nach Argentinien emigrieren und dort ihre Tochter Tamara auf die Welt bringen – die spätere Kampfgefährtin Che Guevaras. Deutsche Matrosen und Arbeiter sind es auch, die das von Heinrich Band entwickelte Handzuginstrument an den Río de la Plata mitbringen, das Bandoneon. Ohne es wäre der Tango nicht der Tango.

Im 20. Jahrhundert nimmt die Emigration Deutscher nach Argentinien massiv zu. Die Bevölkerung des Landes verdoppelt sich zwischen 1895 und 1915 von 4 auf 7,9 Millionen Einwohner, und sie wird sich bis 1947 nochmals verdoppeln. Anfang des 19. Jahrhunderts ist jeder zweite Einwohner von Buenos Aires außerhalb Argentiniens geboren. Das Gros der Immigranten stellen zunächst die Italiener, Spanier und Polen. Aber zwischen 1918 und 1933 wandern auch über 130 000 Deutsche an den Río de la Plata aus. In jener Zeit mühen sich 15 000 Schüler an 203 deutschen Schulen in Argentinien mit »der«, »die«, »das« und dem korrekten Gebrauch von Genitiv, Dativ und Akkusativ. Noch heute finden sich die deutschen Einwanderer vor allem in Entre Ríos und Misiones, in der Hauptstadt Buenos Aires, in Córdoba (Villa General Belgrano) und in der Gegend um Bariloche in Patagonien. Bei der Volkszählung 1980 gaben noch 24 000 Menschen an, in Deutschland geboren zu sein – inzwischen liegt die Zahl bei unter 10 000, rund eine halbe Million Menschen sprechen wohl noch Deutsch in Argentinien.

Deutsche Unternehmen machen seit jeher gute Geschäfte am Río de la Plata: Sie installieren Argentiniens erstes Telegrafensystem; sie bauen in Buenos Aires die erste U-Bahn Lateinamerikas; sie errichten mit dem Obelisco eines der Wahrzeichen der Stadt, und sie sorgen bei der Weltmeisterschaft 1978 für das Flutlicht.

Verfolger und Verfolgte

Die deutsche Kolonie in Argentinien ist nicht ganz so groß wie die anderer Länder und nicht ganz so reich wie etwa die der Briten. Mit der Machtergreifung der Nationalsozialisten in Deutschland spaltet sie sich in zwei Lager: Die einen lesen die rechtsnationale *La Plata Zeitung*, schicken ihre Kinder auf die Goethe-Schule im Norden von Buenos Aires und engagieren sich in der Auslands-NSDAP, der größten Parteigliederung außerhalb des Reiches. Die anderen lesen das *Argentinische Tageblatt*, eine Zeitung, die bald im Reich verboten sein wird, gründen 1934 die Pestalozzi-Schule, um ihre Kinder von der Nazi-Indoktrinierung fernzuhalten, und organisieren Ausstellungen über »das andere Deutschland«. An keinem Ort der Welt werden sich so viele von den Nazis Verfolgte und ihre Verfolger begegnen wie in Buenos Aires.

Ob es die Geheimorganisation Odessa, von der Frederick Forsyth in seinem Roman schreibt, wirklich gegeben hat, ist bis heute umstritten. Aber außer Zweifel steht, dass einige NS-Größen und zahlreiche gesuchte Kriegsverbrecher aus Nazideutschland nach 1945 in Argentinien Unterschlupf finden. Die diversen »Rattenlinien« laufen meist über die Schweiz und Italien; fast immer helfen katholische Priester oder Kardinäle. Sie helfen den Nazis zur Flucht, weil sie überzeugte Judenhasser sind oder weil sie die Nazis als einziges Gegenmittel gegen eine vom Kommunismus beherrschte Welt ansehen oder auch weil sie schlicht gar nicht wissen, wer sie da unter falschem Namen um Hilfe bei der Flucht nach Südamerika bittet.

Perón, der in seiner Zeit als Militärattaché auch an der argentinischen Botschaft in Berlin gearbeitet hatte, ist später als Präsident ein ähnlicher Deutschland-Fan wie einst Sarmiento. Sarmiento ging es um deutsche Kultur und Wissenschaft, die er ins Land holen wollte. Perón hingegen erhofft sich von deutschen Immigranten die Atombombe. Oder wenigstens Atomkraftwerke und Wunderflugzeuge. Dem Deutsch-Argentinier Carlos Fuldner, im Reich zum SS-Hauptsturmführer aufgestiegen, gibt Perón den Auftrag, deutsche Flugzeugbauer, Raketentechniker etc. anzuwerben. Und tatsächlich testen bald schon Hans-Ulrich Rudel, Adolf Galland und Werner Baumbach, Starpiloten der Luftwaffe, in Córdoba Flugzeuge. Sie gründen das »Kameradenwerk«, um anderen »Opfern der Siegerjustiz« beizustehen und nach Argentinien zu verhelfen. Einige der prominentesten Nazi-Immigranten: Adolf Eichmann, Leiter des Judenreferats im Reichssicherheitshauptamt, züchtet nach 1945 zunächst Hühner in der Lüneburger Heide. Vermutlich über einen Bischof in Rom verschafft er sich Pass und Passage und geht als Ricardo Klement am 14. Juli 1950 von der *Giovanna C* in Buenos Aires an Land. Er arbeitet in Tucumán als Landvermesser, holt die Familie nach, zieht nach Buenos Aires, arbeitet in einer Wäscherei, als Gemüsebauer, auf einer Farm für Angorakaninchen und schließlich bei Mercedes Benz. Bis er am 11. Mai 1960 geschnappt, nach Israel verschleppt und dort nach einem spektakulären Prozess hingerichtet wird.

Beispiel Josef Mengele: Der Herr Doktor von der Auschwitz-Rampe gelangt ebenfalls über Umwege nach Argentinien. Unter dem Namen Helmut Gregor züchtet er Kühe, praktiziert als Arzt in Buenos Aires und lässt sich später sogar vom Konsul der Deutschen Botschaft einen Pass auf seinen echten Namen ausstellen. Nach der Eichmann-Entführung flieht er nach Paraguay und später nach Brasilien, wo er 1979 beim Baden stirbt.

Den Physiker Ronald Richter, einen Sudetendeutschen, lässt Perón kommen, weil er glaubt, Richter könne Atomkraftwerke bauen und ihm sogar zur Nuklearbombe verhelfen. Hunderte Millionen von Pesos fließen in Richters *Projecto Huemul* auf einer Insel bei Bariloche. Perón verkündet der Weltöffentlichkeit am 24. März 1951 sogar per Radio und Fernsehen, dass »sich auf der Insel Huemul thermonukleare Reaktionen herstellen ließen…« Die Welt ist baff, die CIA wird nervös. Bis sich herausstellt, dass Richter ein Aufschneider und seine »thermonukleare Reaktion« bloß ganz gewöhnliches Knallgas ist, wie man es mit jedem Chemiebaukasten herstellen kann.

Kuchenbäcker und Folterknechte

Noch harmloser ist die deutsche Kriegshinterlassenschaft in Villa General Belgrano, etwa 75 Kilometer südlich der Provinzhauptstadt Córdoba in Zentralargentinien gelegen. Dort leben heute um die 6000 Menschen, ein Großteil von ihnen ist deutscher oder deutschsprachiger Herkunft. Allein nach dem Untergang des deutschen Kriegsschiffes *Graf Spee* 1939 landen hier Hunderte von Besatzungsmitgliedern. Noch heute feiert man in Villa General Belgrano die »Fiesta de la Cerveza«, die argentinische Version des Oktoberfestes. In den Restaurants werden Spätzle und Apfelstrudel serviert – oder zumindest das, was dafür gehalten wird. Und angeblich wird hier der 20. April regelmäßig von mehr als nur einigen Dorfbewohnern feierlich begangen.

In der letzten Diktatur von 1976 bis 1982 spielen auch einige Deutsche eine sehr unrühmliche Rolle. Cristian von Wernich, ein deutschstämmiger Priester aus Entre Ríos, ist in jener Zeit Polizeikaplan von Buenos Aires. Unter dem Tarngewand des Beichtvaters arbeitet er als Spitzel für die Mordmaschinerie, liefert Studenten und deren Verwandte, die sich ihm anvertraut haben, den Schergen der Diktatur ans Messer. Polizisten, die Gewissensbisse ob ihrer Taten überkommen, spendet von Wernich geistlichen Beistand. Er taucht unter, wird entdeckt und 2007 wegen Beteiligung an sieben Morden, 31 Fällen von Folter und 42 Entführungen zu lebenslanger Haft verurteilt.

Auch deutsche Firmen unterstützten die und profitierten von der Militärjunta. Die Werksleitung von Mercedes-Benz in der Provinz Buenos Aires meldet aufmüpfige Betriebsräte bei den Geheimdienstbehörden – bald darauf sind sie »verschwunden«. Das Direktorium stellt dem Heer ein Gebäude für »eine vom Militär geplante Säuberungsaktion« zur Verfügung, wie es in einem Direktoriumsprotokoll heißt. Und Mercedes-Benz spendiert Brutkästen für ein militärisches Folterzentrum und ein Militärhospital. Heute weiß man, dass die Behörden in den beiden Einrichtungen Schwangere festhielten. Nach der Entbindung wurden die Mütter im Río de la Plata ertränkt und die Babys mit gefälschten Papieren an Polizisten- oder Militärfamilien vermittelt. Mercedes-Benz streitet viele dieser Vorwürfe ab. Aber selbst in einem von der Firma in Auftrag gegebenen Rechtsgutachten ist von »einer gewissen Kollaboration von MBA [Mercedes-Benz Argentinien] mit den Sicherheitsorganen« die Rede. 15 Betriebsräte von Mercedes-Benz sind seit 1976 für immer »verschwunden«.

»Lostotenchosen«, »Lostotenosen«, »Lostotenose«: So oder so ähnlich hört sich das an, wenn die Argentinier vom größten Geschenk Deutschlands an die Menschheit sprechen – von den »Toten Hosen«. Sie spielen im Luna Park, einer Art argentinischer Westfalenhalle, sie spielen beim Pepsi Festival, sie spielen in irgendwelchen patagonischen Käffern. Nur eines ist sicher: Die Toten Hosen sind in Argentinien immer ausverkauft. Sie erfüllen Hundebesitzern den letzten Willen – mein Wauwau muss unbedingt noch mal die Toten Hosen gesehen haben –, sie holen sich argentinische Coverbands wie die Opelgang ins Vorprogramm, deren musikalische Identität nur daraus besteht, Songs der Toten Hosen nachzuspielen.

Warum Argentinien ausgerechnet nach den Toten Hosen verrückt ist, das weiß die Band selbst nicht so recht. Vielleicht weil sie im Krisenjahr 2001, als in Argentinien alles drunter und drüber ging, als einzige internationale Band für ein paar symbolische Pesos aufgetreten sind? Wahrscheinlich. Jedenfalls sind die Toten Hosen nicht deshalb so beliebt, weil – sondern obwohl sie Deutsche sind. Wie gesagt, Roboter liebt man nicht.

Und so kommt es, dass heute vermutlich mehr Argentinier »eisgekühlter Bommerlunder« nachsingen können als einen Satz von Mann oder Goethe rezitieren. Aber dass die Argentinier wissen, dass man in Deutschland belegte Brote mit Schinken und mit Ei serviert – das ist ja auch schon mal was.

Die wichtigste Hauptsache der Welt: Argentinien und der Fußball

Sie kauen ihn, sie atmen ihn, sie leben ihn – aber spielen? Nein, dafür ist den Argentiniern der Fußball eigentlich zu ernst.

Es gibt diese Szene, sie kommt in ein paar Filmen vor, sie steht in Büchern, und Augenzeugen beider Seiten bezeugen ihre Wahrhaftigkeit: 25. Juni 1978, die Militärdiktatur ist auf dem Höhepunkt ihrer Macht, ihre Schergen halten Zigtausende in Geheimgefängnissen und Folterlagern gefangen. Doch heute, an diesem 25. Juni, gibt es etwas Wichtigeres, etwas Größeres: das Finale der elften Fußballweltmeisterschaft. Gespielt wird im Monumental in Buenos Aires, Argentinien gegen Holland, nach 90 Minuten steht es 1:1. In der 105. Minute schießt Mario Kempes das 2:1 und Bertoni in der 116. das 3:1. Ein Siegesschrei gellt durch das Stadion, durch die Stadt und durch das Land. Auch in den Folterlagern sitzen sie vor den Fernsehern, die Opfer und die Täter; die Studenten, die Linken und die Juden – und die Polizisten, Militärs und Geheimdienstler. Und sie fallen sich in die Arme, die mit den langen Haaren und den Zottelbärten und die mit den schneidigen Uniformen und den Schnauzbärten. »Argentina, Argentina!«, brüllen sie, denn ihr Land ist gerade Weltmeister geworden; jenes Land, im Namen dessen die einen die anderen jagen, foltern, morden. Aber jetzt, für einen kurzen Moment des Glücks, sind sie einig, wie sie einiger nicht sein könnten. Denn in ihrer aller Namen hat Mario Kempes die Holländer niedergekämpft und dem Land die Trophäe erschossen. »Argentina, Argentina!«

Die wichtigste Hauptsache der Welt: Das ist für die Argentinier der Fußball. Das Land und seine Leute sind besessen vom Elf gegen Elf. Besessen vom Spiel und von denen, die es ausüben. Keiner findet schönere, poetischere Worte für diese Liebe zum Ball als Víctor Hugo Morales. Nirgends ist der Fußball so schrill, so bunt, so pathetisch wie beim *super-clásico*. Und keinen Fußballer liebt Argentinien so sehr – und in keinem findet sich Argentinien so wieder, in all seiner Tragik und all seinen Möglichkeiten, wie in dem kleinen dicken Lockenkopf Diego Armando Maradona.

Der Dichter der Ballkunst

Professor für Literaturwissenschaft. Oder Galerist. Oder Opernintendant. Irgendwas Schöngeistiges jedenfalls würde man vermuten, wenn man Víctor Hugo Morales irgendwo träfe. Aber dass einer wie er Sonntag um Sonntag in abgeranzten, neonlichtigen Sprecherkabinen hockt, um mit vorgerecktem Hals und zu Schlitzen zusammengekniffenen Augen zuzusehen, wie Palacio zu Palermo passt und wie Palermo dann zu Ibarra flankt und wie der dann von der rechten Strafraumkante den Ball in den Winkel versenkt, und dass ebenjener Víctor Hugo Morales dann, »Tor, Toooor, Tooooooooooooooooooooooor« – kürzer kann man das hier nicht schreiben –, einen

| 186

Brüller über den Äther schickt, der in ganz Argentinien den Menschen in die Mägen fährt? Nein, das würde man diesem Mann nicht zutrauen.

Doch Víctor Hugo Morales, 58 Jahre alt, ist kein Schöngeist, oder genauer gesagt: Er ist das eben auch, aber vor allem ist er Fußballreporter. Der bekannteste, wichtigste, interessanteste in Argentinien. Aber vielleicht ist das mit dem Opernintendanten oder mit dem Homme de Lettre auch gar nicht so weit weg, denn Fußball ist in Argentinien halt eben alles andere als die schönste Nebensache der Welt. Und keiner verkörpert das besser als »Víctor Hugo«, wie er für alle nur heißt. Immerhin ist ja auch ein nicht ganz unbekannter französischer Schriftsteller nach ihm benannt worden. Oder andersherum, wie auch immer, sie tragen denselben Namen.

Rivadavia 853, da, wo Buenos Aires am dichtesten ist und am lautesten. Gegenüber das nationale Tangomuseum, im ersten Stock das Generalkonsulat von Jamaika, im fünften Stock, im Studio 2, zeigt eine Digitaluhr 19:00:00 an. Es ist Mittwochabend, aber es könnte auch Montag oder Freitag sein, denn seine Fußballsendung *Competencia* auf *Radio Continental* strahlt Víctor Hugo Morales jeden Abend aus, wenn nicht gerade Spieltag ist. Morales, im grauen Anzug, sitzt am Ende eines Tisches, neben ihm fünf Kollegen, in Jeans und T-Shirt. Das Land hört auf diese Sendung, das Land hört auf Víctor Hugo. Einen Spieler, den er hier verreißt, verreißen am nächsten Tag die Zeitungen. Heute allerdings, es sind noch 23 Tage bis zum Anpfiff der nächsten WM, ist Víctor Hugo zahm. Er fachsimpelt über das Champions-League-Finale und was das für die Weltmeisterschaft bedeuten könnte. Mit dem heiligen Ernst eines Richters – schuldig? oder unschuldig? – und mit der Bildhaftigkeit eines Literaturkritikers wägt er die Stärken und Schwächen der argentinischen Auswahl ab. Zwischendurch gibt es – wir sprechen uns gleich nach der Pause – Werbung für Autoversicherungen und Weizendünger.

Víctor Hugo schmaucht an einer Zigarre, lässt sich alle paar Minuten einen Mate reichen. In seinem Brummelbariton moderiert er gemächlich die Sendung, die anderen dürfen mit fachmännischen Kommentaren assistieren. Ein ruhiger Typ, dieser Morales, eher zurückhaltend, soigniert, denkt man.

Doch über ein gelungenes Dribbling, über eine wohlgesetzte Flanke kann dieser Mann in Ekstase geraten. Und ein Land in Ekstase versetzen.

22. Juni 1986, Aztekenstadion in Mexiko-Stadt, Viertelfinale, Argentinien gegen England. Es spielt das südamerikanische Land, das vier Jahre zuvor den Krieg um die Malvinas-Inseln verloren hat, gegen jenes europäische Land, das vier Jahre zuvor den Krieg um die Falkland-Inseln gewonnen hat. 55. Minute, es steht 1:0. Diego Maradona schnappt sich den Ball und beginnt seinen legendären 60-Meter-Slalom, lässt einen, zwei, drei Engländer stehen, »jetzt« – O-Ton Morales – »könnte er zu Burruchaga spielen, nein, immer noch Maradona, genial!genial!genial! ta-ta-ta-ta-ta-ta-ta ... und Tooooooor ... Toooor ... Ich möchte weinen! Heiliger Gott! Es lebe der Fußball! RIEH-SEN-TOOOOHHHHR! Diego! Maradona! Es ist zum Heulen, verzeiht mir. Maradona, in einem unglaublichen Lauf, im Spielzug aller Zeiten! Du kosmischer Drachen, von welchem Planeten bist zu uns gekommen?«

Dieses 2:0 hat Maradona zum Fußballgott gemacht. Und die Untertitel dazu, diese ekstatische, kitschige Poesie haben Víctor Hugo zur Legende gemacht. Das Tor ist als Daumenkino in den Buchhandlungen zu haben. Die Worte – oder soll man sagen: Verse? – von Morales gibt es im Museum für Zeitgenössische Kunst gedruckt zu kaufen. Neben Kunstdrucken von Picasso, Mondrian und van Gogh.

Morales selbst, ein geborener Uruguayer, sagt heute, er tue sich schwer mit jenem Tor, mit jenem Spiel: Er habe damals so wenig beschreibend reportiert, eigentlich viel zu emotional.

Aber es sei für Argentinien eben eine »kollektive Notwendigkeit« gewesen, dieses Elf gegen Elf ohne zusätzliche Waffen, gegen die Engländer zu gewinnen. »Deshalb ist dieser Kommentar zu 90 Prozent Herz und nur ganz wenig Verstand. Für einen europäischen Hörer, der nicht mit südamerikanischen Gewohnheiten vertraut ist, klingt das völlig unverständlich. Das kam nicht aus dem Kopf, das kam aus den Eingeweiden. Eine Art Anfall, eine elektrische Entladung.« Zehn Jahre habe er gebraucht, um dieses Tor und seine eigene Reportage anzunehmen.

Er nimmt sich wichtig, dieser Mann. Weil ihm der Fußball wichtig ist. Und weil ihm sein Beruf wichtig ist: Denn selbst wenn auch in Argentinien das Fernsehen den Fußball immer mehr dominiert – an den Spieltagen wird mindestens so viel Fußball gehört wie geschaut. An jeder Tankstelle hat einer ein Radio laufen, an jedem Zeitungskiosk, in jedem Pförtnerhäuschen. Meistens Mittelwelle, meistens auf 590 kHz: *Radio Continental*, Víctor Hugos Welle.

Heute aber ist Wochentag. In der Abendsendung gibt es keine Tore zu bejubeln oder Rote Karten zu bemeckern, es gibt nur ein paar Vereinstransfers und Kommentare zur WM-Mannschaft zu vermelden. »Wusstet ihr, dass bei der letzten Weltmeisterschaft nur 15 Prozent der Mannschaften, die das erste Tor schossen, am Ende verloren haben?«, fragt Morales ins Mikrofon. »Und wusstet ihr, dass das 1:0 das häufigste Ergebnis war, in 25 Prozent aller Partien?« Ein Fußballstreber. Wenn er so über das Spiel dieser Tage lamentiert, kneift Morales die Augen zu schwarzen Strichen zusammen. Unter seiner zurückgegelten grauen Tolle erinnert er an einen James Dean, der ein paar Jahrzehnte älter geworden wäre.

Relatores, »Erzähler«, heißen die Sportreporter in Südamerika. Es gibt im Großen und Ganzen zwei Typen. Die einen machen einen auf Stammtischbruder, feuern ihren Verein vor dem Mikrofon an und spucken Kraftausdrücke in den Äther, wenn der andere an den Ball kommt. Víctor Hugo Morales führt die andere Fraktion an, den Club der Balldichter: Wenn es im Stadion zu regnen beginnt, schildert Morales den Hörern »einen sanften Schauer, wie ein Vorspiel des Sommers«. Er zitiert Gedichte und Liedtexte – trotzdem oder vielleicht auch gerade deswegen hören ihm die Taxifahrer, die Pförtner und die Automechaniker zu. »Wenn man sich mit den schönen Dingen beschäftigt, mit dem Leben von Komponisten, dann wird das Teil deines persönlichen Gepäcks – das kann ich natürlich nicht ablegen, wenn ich Fußball kommentiere. Aber alles, was meine Kultiviertheit bereichert, mein Leben mit Schönheit, macht mich zu einem besseren Journalisten.«

Es ist neun Uhr, die Sendung ist jetzt vorbei. Morales setzt sich an den abgeschrappten Schreibtisch in seinem Büro, öffnet die Post und erklärt, was einen guten Torschrei ausmacht. Seine ist die Vier-Phasen-Methode: Mit der Präzision eines Schweizer Werkzeugmachers versucht er zu schildern, wer wie von wo zu wem spielt – das alles in höchstem Tempo –, bis der Ball im Netz zappelt und der Hörer ein trockenes, handkantenschlagkurzes »Tor« zu hören bekommt. Dann Luftholen und – »von hier muss das kommen«, sagt Morales und zeigt auf sein Zwerchfell – der große Tooooor-Gesang. Mal 30, mal 35, mal 40 Sekunden lang, je nach Bewegtheit und Form, »sehr anstrengend ist das immer, ich sollte eigentlich nicht rauchen«, sagt Morales und legt seine Zigarre für einen Moment im Aschenbecher ab.

Dann kommt, »und das habe ich erfunden«, die Phantasiephase: Mit blumigen Worten, mit den Metaphern eines arabischen Geschichtenerzählers, malt er das Tor aus, »die Einladung zur Emotion mittels des Wortes«, wie er sagt. Ist das Poesie, Lyrik? »Na ja, manchmal gibt es einen Treffer, einen gelungenen Satz, eine schöne Zeile vielleicht – aber bleiben wir respektvoll gegenüber den Poeten ...«

Und schließlich Wiederholung und Analyse: Wie ist der Treffer zustande gekommen, warum war er so schön, was bedeutet er für die Meisterschaft, was für den Torschützen im Besonderen und was für den Zustand des Fußballs im Allgemeinen? Morales kommentiert gerne üppig, er kann schon mal fünf, sechs Minuten lang von nichts anderem reden als von einem Tor – und verpasst darüber gelegentlich den Kontertreffer auf der Gegenseite …

Die Brüllerei hat Spuren in seiner Stimme hinterlassen. Sie ist über die Jahre ein wenig tiefer geworden, herber, rauer. Als habe man mit feinem Schleifpapier über die Stimmbänder gerieben. Doch man mag diese Spreche, man hört Morales gerne zu. Frauen schwärmen für sein Timbre, seine Wortwahl, seine Eleganz. Längst hat man ihm auch Fernsehsendungen gegeben, eine Fußball-Talkshow und ein Frühstücksprogramm.

Und doch, man ahnt es: Der Fußball ist nur das eine im Leben von Víctor Hugo Morales. Das andere ist die Musik: Er verpasst selten eine wichtige Premiere an der Metropolitan Opera in New York. Und auf *Radio Nacional Clásica* gibt er eine Musiksendung, jeden Samstag um elf. »Man kann«, sagt Morales, »mit derselben Leidenschaft über Maradona und Pelé diskutieren wie über Luciano Pavarotti und Plácido Domingo.« Das dramatische Auf und Ab, das ewige Pendel zwischen Edlem und Elend, zwischen Jubel und Jammer – da habe der Fußball doch viel mit der Oper gemein.

Arm gegen Reich, Süd gegen Nord, Boca gegen River: Der Superclásico

Das Opernhafte am Fußball, die große Geste, das Pathos und das Drama zwischen Sieg und Niederlage, die gnadenlose Gegner-, nein: Feindschaft zwischen den Eigenen und den anderen: Die einzig adäquate Bühne für all das ist die *Bombonera*, die »Pralinenschachtel«, das Stadion von Boca Juniors. Und die einzig wahre Inszenierung ist der *superclásico*, die Schlacht Boca gegen River Plate.

Dem letzten Mann von River haben sie tote Hühner neben die Torpfosten geworfen, die müssen noch weg. Der Schiedsrichter schaufelt ein paar Kilo Klopapierrollen aus dem Strafraum, aber dann geht es schon los. Anstoß für River: Farías tippt den Ball zu Ahumada, damit beginnt die Partie offiziell. Aber eigentlich hat die Schlacht lange vorher begonnen, lange vor diesem Sonntagnachmittag um kurz vor halb fünf. Denn für Boca Juniors gegen River Plate reichen 90 Minuten nicht aus. So hat vor zehn Tagen die Heimmannschaft verkündet, dass sie von den 60 000 Plätzen leiderleiderleider nur 2928 an die Gäste von River vergeben könne – aus Sicherheitsgründen. River Plate droht mit Fan-Boykott; Richter werden angerufen. Der Boca-Präsident qualifiziert das Stadion der Gastmannschaft als »hässlichen Kühlschrank« ab – und lässt schließlich gnädigerweise 4500 Karten an River-Fans verkaufen.

Die sind jetzt ziemlich still auf ihrem Drittelchen Tribüne. Ganz oben, weit weg vom Rasen, schwenken sie ihre weiß-roten Fahnen – wie Schiffbrüchige in einem blau-gelben Meer. »Auf geht's, Boca«, singt das Stadion, von den Oberrängen regnet es gelbe Papierfetzen, es brennen bengalische Feuer, Bumbumbum machen die Trommeln: Die Bombonera bebt, selbst der Beton kriegt Gänsehaut. Über dem Stadion knattern die Polizeihubschrauber. Aus Sicherheitsgründen? Oder haben ein paar hohe Tiere keine Karten bekommen und wollen sich das Spiel aus der Premium-VIP-Perspektive anschauen? Wahrscheinlich eine Mischung aus beidem.

4. Minute, man singt: »Marado, Marado, Maradooooo«. Diego Maradona winkt aus seiner Privatloge. Längst ist er

als Spieler zurückgetreten – aber hier hat er immer noch ein Heimspiel. »Der Superclásico ist wie Sex mit Julia Roberts«, hat er die Tage gesagt. Und er hat recht. Zwar wohnen auch in anderen Ländern zwei Spitzenclubs in derselben Stadt: in Glasgow, in Istanbul, in Rom. Aber der Superclásico in Buenos Aires ist das ultimative Fußballderby. Wenn Boca gegen River antritt, duellieren sich zwei der besten Vereine der Welt. Zusammen haben sie über sechs Dutzend Weltpokale geholt, Südamerika-Titel und nationale Meisterschaften. Es spielt der Club, der der Welt Diego Maradona und Juan Riquelme geschenkt hat (Boca), gegen den, dem Alfredo di Stefano und Mario Kempes zu verdanken sind (River). Und es spielt mal wieder der Tabellenzweite gegen den Tabellenersten.

32. Minute, Boca stürmt und drängt. Mit Flugkopfbällen, Fallrückziehern, Hackentricks. Dann Foul an Insua, 57 000 Boca-Fans schreien auf, als würden 114 000 Schienbeine bluten – der Schiedsrichter zeigt Gelb. Als zwölfter Mann gilt die Fan-Schar von Boca. Denn hier in der engen, steilen Bombonera haben die Fans schon so manchem Gegner die Angst in die Beine gebrüllt. »50 Prozent des Landes plus einer« stehen angeblich hinter ihnen, sagen Boca-Anhänger gerne. Eine Meinungsumfrage hat neulich immerhin ergeben, dass 34 Prozent der Argentinier für Boca sind und 29 für River. Die Rivalität spaltet das ganze Land: Auch fernab der Hauptstadt, in den Supermärkten der argentinischen Provinz, liegen Karnevalsmasken, Aschenbecher und sonstige Fan-Artikel mit den Logos der beiden Mannschaften aus.

40. Minute, die Bombonera ruht still wie in einer Schweigeminute: Es steht 1:0 für River. Farías, die Nummer neun, hat den Ball von der Strafraumkante in den rechten Winkel gehoben, über Boca-Torwart »Pato« Abbodanzieri hinweg. Nach einer fruchtlosen Startoffensive muss die Heimmannschaft mit 0:1-Rückstand in die Halbzeit.

193 |

»Vorwärts, *millonarios*!«: Nach dem Wiederanpfiff hat sich auch die River-Tribüne warm gesungen. »Millionäre« nennen sie sich, die Weiß-roten. Sie gelten als Snobs, als »Hühnchen«, als »Feiglinge«. Sie sind im feinen Norden der Stadt zu Hause, im Monumental-Stadion in Núñez. Wenn Robbie Williams in der Stadt ist oder Elton John oder Madonna, dann spielen sie im Monumental.

Die Bombonera hingegen: eine armselige Betonschüssel, eingequetscht zwischen Bahngleisen und Wellblechhütten, im weichen, südlichen Bauch der Stadt. Die Gegentribüne sieht aus, als ob die Architekten nach Fertigstellung von drei Vierteln des Stadions in einen Spontanstreik getreten wären. Es gibt keine Anzeigentafel, es gibt keine Videoleinwand. Wer etwas essen will, hat die Wahl zwischen fettigen Hamburgern und fettigen Würstchen. Fußball roh. Elton John oder Madonna hier in der Bombonera, in dieser Betonbaracke, in der es nach Hafen, Schweiß und Marihuana riecht? Nicht wirklich vorstellbar.

Hier sind die Blau-Gelben daheim, die aus dem Süden, die »Müllfresser«, die Underdogs. Reich gegen Arm, auch darum geht es also beim Superclásico – zumindest in der Selbstwahrnehmung. Denn beide Clubs wurden Anfang des 20. Jahrhunderts gegründet, beide im Hafenviertel, beide von Matrosen aus England und Einwanderern aus Genua. Aber manchmal trennt eben nichts mehr als das Gemeinsame. »Wenn ich mal sterbe, sollen sie mich im River-Trikot begraben«, sagen Boca-Fans gerne: »Denn es ist besser, wenn einer von denen unter die Erde kommt als einer von uns.«

61. Minute, Angriff nach Angriff versandet auf dem Weg in den River-Strafraum. Die blau-gelben Fans feiern trotzdem ihren Fußballkarneval – Superclásico ist schließlich nur zweimal im Jahr: »Auch wenn wir nicht Meister werden, das Gefü-hü-hühl, das bleibt das-se-hel-be«, singen sie. Die Boca-Anhänger gelten als die treuesten im Land, sie halten auch in

schweren Zeiten zu ihrer Mannschaft. Die River-Fans hingegen sind anspruchsvoll. In ihrem Stadion bleiben die Ränge
schon mal leer, wenn das Team schlecht spielt. Eine Kühl-
truhe halt.

Dagegen ist die Bombonera ein Mikrowellenherd, manchmal auch mit Kurzschluss: Massenprügeleien sind im Ein-
trittsgeld inbegriffen. Auf den Rängen und auf dem Platz;
mal mit und mal ohne Tote. Schon der allererste Superclásico
1913 endete im Tumult statt mit einem Schlusspfiff. Bei einer
Massenpanik in den späten Sechzigerjahren kamen gleich 70
Menschen ums Leben. In den Reihen der *Doce*, der berüch-
tigtsten Fan-Gruppierung Bocas, dürften ein paar Hundert
Jahre Zuchthaus auf der Tribüne stehen. Aber die Clubfüh-
rung stellt sich lieber gut mit dieser Schlägertruppe: Sie geht
in Ausrüstung des Club-Sponsors Nike auf Auswärtsfahrten,
ihre Anführer geben Autogramme wie die Spieler.

Heute beschränkt sich der Kampf auf den Rasen. Die
Blau-Gelben rennen um ein Unentschieden, vergeblich – bis
zur 88. Minute. Die Sieben ist gefoult worden, liegt schrei-
end am Boden, aber das Stadion tanzt: Elfmeter für Boca. Es
tritt Palermo an, die Neun. Hände werden in den Himmel
gereckt, Richtung Gott, und er scheint auch das blau-gelbe
Boca-Dress zu tragen dort oben, denn Palermo verwandelt.
Kanonenböller, die Fans liegen sich in den Armen, unentschieden. Die Meisterschaft bleibt offen, die Ehre ist geret-
tet. Jetzt vielleicht noch ein paar River-Fans verprügeln und
dann ein kühles Bier. Oder andersherum.

Ein Land und sein Held: Diego Maradona

Eigentlich hat man es als argentinischer Nationalheld besser,
wenn man früh stirbt, vorzugsweise mit spätestens Mitte 40,
das mehrt den Ruhm. Das gilt für Evita, für den Che, und das

gilt für Carlos Gardel. Für einen gilt das nicht, er hat innerhalb der argentinischen Vierfaltigkeit noch mal eine Sonderstellung: Diego Armando Maradona.

Denn der kleine, meist fette Wuschelkopf verkörpert all das, wofür Argentinien steht. Was es sein könnte, was es so gern wäre – und was es tatsächlich ist. All das, die gloriosen Aufstiege und die mörderischen Abstiege, die überraschenden Wendungen und die linkischen Tricks, mit denen sich Diego Maradona durch das Leben schlawinert, und überhaupt, das verwunderte Sich-die-Augen-Reiben darüber, dass man überhaupt noch am Leben ist nach all dem Schlamassel – in Diego erlebt Argentinien sich selbst.

Wenn man eine Telenovela entwerfen wollte mit einem Fußballer als Hauptfigur – schon der Auftakt könnte nicht besser geschrieben sein: Am 30. Oktober 1960 als Nummer fünf von acht Kindern geboren, wächst Diego Maradona in Fiorito auf, einer der besonders elendigen Siedlungen im Elendsgürtel um Buenos Aires. Sein Zuhause ist eine windige Hütte, in der es drinnen mehr regnet als draußen. Aber der kleine Pummel hat den Umgang mit der Kugel raus, schon mit neun spielt er bei den »Zwiebelchen«, den *Cebollitas*, der legendären Jugendmannschaft von Argentinos Juniors. Mit 16 spielt er in der Nationalmannschaft, mit 22 holt er für Boca Juniors den ersten Meistertitel: *Pibe de oro* heißt er da längst, »Goldbürschchen«.

Diego geht nach Spanien, zum FC Barcelona, der teuerste Spielertransfer seiner Zeit. Die Stadt und er werden nicht warm miteinander, er wechselt nach Neapel – wieder für eine Rekordsumme. Seine große Zeit beginnt: Maradona schießt 1986 sein eher mediokres Nationalteam in Mexiko quasi im Alleingang zum Weltmeistertitel. 1987 holt er für den SSC Neapel den ersten Meistertitel seit 60 Jahren und die Copa Italia obendrein. 1989 gewinnt der Club den UEFA-Cup, 1990 nochmals die Meisterschaft – dank Diego.

Man kann in Argentinien an jeder Straßenecke DVDs mit den – wahlweise 120, 500 oder 1000 – schönsten Toren Diegos kaufen. Viele stammen aus jenen Achtzigerjahren, Diegos goldenen Jahren. Oft in Zeitlupe aufgelöst, damit man mitkommt beim Zuschauen, wie sich Diego durch die Heere gegnerischer Beine, die ihm entgegensäbeln, hindurchtänzelt – ein bisschen wie eine Primaballerina und ein bisschen wie der Held eines Computerspieles, der sich nicht scheren muss um die Gesetze von Trägheit, Schwerkraft und was den Erdenbürgern noch so ihr Dasein erschwert. Unterlegt sind manche dieser Filme mit Klavierkonzerten von Mozart, das passt gut zu ihrer Grazie und Anmut.

So gut wie in seiner italienischen Zeit wird Diego nie wieder spielen. Und nicht nur auf dem Spielfeld geht es abwärts: So muss sich Maradona von einem italienischen Gericht sagen lassen, dass der kleine Diego, den eine Neapolitanerin geboren hat, vom großen Diego gezeugt worden ist. Die Behörden lassen Maradona wissen, dass seine Auslegung der Steuergesetze mit der ihrigen nicht ganz übereinstimmt. Drogen- und Dopingfahnder werden in seinem Körper und in seinen Wohnungen in den nächsten Jahren Kokain, Ephedrin und noch ein paar Substanzen finden, die allesamt mehr oder weniger Spaß machen – und allesamt verboten sind. 1994, bei der Fußball-WM in den USA, wird er wegen Doping aus dem Turnier geworfen. Ausgerechnet Ben Johnson – genau, *der* Ben Johnson – soll als Fitnesstrainer den Göttlichen wieder fit machen. Aber seine Karriere kommt weder beim FC Sevilla noch daheim bei den Boca Juniors wieder in den Tritt. 1997 gibt er sein Abschiedsspiel – es ist das dritte und soll nicht das letzte bleiben, aber die Fußballerkarriere, die vielleicht größte in der Geschichte dieses Sportes, ist vorbei.

Im Januar 2000 bangen die Menschen in Mahnwachen mit Transparenten und Kerzen in den Händen vor einer Privatklinik in Buenos Aires um das Leben ihres Helden, ein Fernsehsender hat schon eine schwarze Trauerbanderole im Bild: Diego ist mehr tot als lebendig. Er hat sich in Punta del Este, dem Sylt Südamerikas, mit Champagner, Havannas und seinen üblichen Hilfssubstanzen so zugedröhnt, dass das Herz und die restlichen Organe schlappmachen. Die Zeitungen veröffentlichen täglich ärztliche Bulletins wie sonst die Börsenkurse. Aber er rappelt sich wieder auf. Fidel Castro lädt seinen Freund Diego nach Kuba ein, fern von all dem Jetset soll er gesund werden. Das geht nur eine Zeit lang gut – bis er wieder zusammenbricht, im April 2004. Jetzt will ihn keiner mehr behandeln, Psychiater lassen ihn einfach für unzurechnungsfähig erklären. Er wiegt fast 130 Kilo – verteilt auf 165 Zentimeter Körpergröße. Und es gelingt ihm wieder mal ein Comeback. Claudia, die Frau seines Lebens, die er seit Kindheitstagen kennt, die er geheiratet und mit der er zwei Töchter hat, die sich hat scheiden lassen von ihm und ihm dennoch Mutter, Beraterin, Archivarin, Agentin und Kindergärtnerin ist, Claudia also beschließt: ab nach Kolumbien, Magenverkleinerung. In Argentinien trauen sich die Ärzte nicht mehr, Diego zu operieren oder auch nur in Narkose zu versetzen, er könnte ja nicht mehr aufwachen. Und wer will schon, hippokratischer Eid hin oder her, dass einem der Nationalheld unter den eigenen Chirurgenhänden wegstirbt?

Maradona also lässt sich den Magen um 90 Prozent verkleinern, darf nur noch Suppe, Brei und Hühnchen essen – und ersteht wieder auf. Das Fernsehen bietet ihm eine eigene Fernsehsendung, *La noche del diez*, »Die Nacht der Zehn«, eine Sendung, in der es eigentlich nur um eine Person geht: Diego selbst. Diego interviewt Pelé, Diego interviewt Robbie Williams, Diego interviewt Fidel Castro – und, der Höhepunkt, Diego interviewt Diego. Eine Sendung, wie man sie auf einem Zwangskanal in Nordkorea vermuten würde, zu Ehren des lieben Führers, oder in Turkmenistan. In Argentinien schauen sich die Menschen die Sendung freiwillig an, bescheren Diego Traumquoten, der Mann im Glitzeranzug wird der höchstbezahlte Fernsehmann seines Landes. Der Jetset hat ihn wieder, Argentinien hat ihn wieder. Und die Nationalmannschaft hat ihn wieder: 2008 wird Diego Maradona Nationaltrainer. Die paar Entsetzten, die meinen, der Mann habe a) keine Ahnung davon, wie man eine Mannschaft führt und b) nicht mal genügend Selbstdisziplin, um morgens allein vom Bett zum Zahnputzbecher zu gelangen, werden übertönt von einer Welle nationaler Diego-Seligkeit. Die auch durch das schmähliche Ausscheiden gegen Deutschland bei der WM 2010 und Diegos Raustritt oder Rückwurf – wie man's nimmt – nicht wirklich geschmälert wird.

Inzwischen gibt es auch eine Maradona-Kirche. Mit einem eigenen Gebet – dem »Diego unser«. Mit eigenen Feiertagen – Ostern am Jahrestag der zwei WM-Tore gegen England, Weihnachten am Tag der Geburt des Heilands, also dem 30. Oktober. Mit eigener Liturgie und angeblich mit Hunderttausenden von Gläubigen in aller Welt. Ob sie nun tatsächlich ein Massenphänomen ist, wie das ihre Anhänger behaupten, oder eine von den Medien hochgehypte Kuriosität, ist eigentlich egal. Die Iglesia Maradoniana ist ein Beleg mehr dafür, wie sehr Argentinien jenem Mann, der früher die Nummer 10 auf dem Rücken trug, zu Füßen liegt.

»Wir sind süchtig danach, über Maradona zu diskutieren«, sagt ein Sportpsychologe. »Er ist unsere Droge. Nicht er ist krank, wir sind es.« Einer, der von ganz unten nach ganz oben kam – wie Evita. Ein Mann, dessen Talent unermesslich war – so wie Argentinien, das mit seinen Bodenschätzen und seinen Möglichkeiten einst eines der reichsten Länder der Welt war. Ein Mann, der für dieses Talent in der ganzen Welt geachtet war – so wie sein Land nach Ansehen in Europa und in den USA giert, nicht dazugehören will zum restlichen südamerikanischen Pack, etwas Besseres sein will. Und ein Mann, der regelmäßig abstürzt in Exzesse und Eskapaden und dann wieder aufersteht – so wie sein Land ewig pendelt zwischen Diktaturen, Wirtschaftskrisen und sonstiger Drittwelt-Depression und Wiederankommen in der Ersten Welt. Ein Mann, der sich durchschlawinert, der den Engländern den Ball mit der Hand ins Tor mogelt und dann von der »Hand Gottes« faselt – so wie sich die Argentinier durch die Steuererklärung mogeln, den Straßenverkehr und die Politik und dann auch noch stolz sind auf ihre *viveza criolla*.

Wenn Diego also eines Tages zum Vorsitzenden des nationalen Schriftstellerverbandes ernannt wird; zum Chefdirigenten am Teatro Colón; oder, ja warum eigentlich nicht, gleich zum Staatspräsidenten – und am besten zu allem gleichzeitig: Wundern sollte man sich darüber besser nicht. Ist ja schließlich nicht irgendwer.

Für immer montags: El futbol de los lunes

Eigentlich steht alles fest: der Ort – Barrio Parque, an den Eisenbahnschienen in Palermo; die Zeit – immer montags um 22 Uhr; und der Anlass – Fußballspielen. Und dennoch beginnt spätestens jeden Donnerstag eine Hin-und-Her-Mailerei unter den argentinischen Freunden, als ginge es darum, eine Partei zu gründen oder ein Grundsatzmanifest für die Lösung der drängendsten Fragen des Planeten aufzusetzen: Julio schreibt, dass er wahrscheinlich kann, es aber noch nicht genau weiß. »Colo«, der »Colo« heißt, weil er rote Haare (*colorado*) hat, schreibt, dass man sich doch mal grundsätzlich entscheiden müsse, ob man denn nun Zeit habe oder nicht, worauf Matías antwortet, er solle mal hier nicht den Deutschen machen, der sei ja schließlich er, was »Champi« (er heißt »Champi« von *champiñón*, weil er so klein ist…) mit einem Nazi-Witz beantwortet, woraufhin Dan fragt, ob man nicht endlich fortfahren könne in der Organisation der Sache an sich, bis man sich schließlich darauf verständigt hat: Montag, 22 Uhr (nicht später als 22:15 Uhr, mahnt Colo); Barrio Parque; einziger Tagesordnungspunkt: Fußball.

Der argentinische Mann braucht nicht viel zum Leben, aber ein paar Dinge braucht er: schöne Frauen, immer ordentlich tote Kuh zwischen die Zähne und seinen Fußballabend. Es gibt alleine in Buenos Aires Hunderte von Fußballanlagen zum Mieten. Anlagen wie die in Barrio Parque. Der Wirtschaftsreporter von *La Nación* spielt mit seinen Zeitungskollegen, der Kultusminister hat eine Runde mit ein paar Regisseuren und Schauspielern – aber die meisten spielen mit den Freunden, die sie schon aus Schulzeiten kennen. Denn wer in Buenos Aires aufgewachsen ist, bleibt in Buenos Aires. Und bleibt seiner Fußballrunde treu. Wie immer.

Am Montag um 22 Uhr sind viele Menschen in Barrio Parque. Die Fußballfreunde sind nicht da. Um 22:10 Uhr auch nicht. Ab 22:20 Uhr tröpfeln die ersten ein. Wie immer.

Man begrüßt sich aufwendig, jeder jeden, Küsschen auf die linke Wange. Erzählt von den *minitas*, den »Bömbchen« (also: den Frauen), die man am letzten Wochenende klargemacht hat, klarmachen wollte oder hätte klarmachen können, von der Arbeit, von den Eltern. Alles Männer um die 30, die alle davon träumen, dass auf dem Nachbarspielfeld endlich mal wieder jene Mädchenmannschaft spielt, die eines Montags vom Himmel gefallen und dann nie wieder erschienen war. Franco glaubt, dass Colo daran schuld gewesen sei. Colo sieht das anders.

Ein Ball wird aufgetrieben. Mauro findet ihn zu wenig aufgepumpt, Colo findet, er geht. Es wird ein anderer geholt, den findet Matías zu hart, es wird abgestimmt. Nicht alle haben mitbekommen, worum es geht – weil sie ins Gespräch vertieft waren. Colo bittet um eine weitere Abstimmung: Es wird mit dem ersten Ball gespielt.

Aber wie: Sieben gegen sieben oder acht gegen acht? Kommen überhaupt 16? Oder lieber doch nur sieben gegen sieben mit Wechseln, dann ist mehr Platz auf dem Spielfeld? Und wie oft wechseln, alle fünf Minuten oder alle zehn? Es gibt ein paar Abstimmungen, ein paar Wiederholungen von Abstimmungen, schließlich steht der Spielmodus. Wer spielt nun gegen wen, die Hellen gegen die Dunklen? Zählt das grüne Trikot von Olivier noch als hell oder schon als dunkel? Hell, wird beschlossen, aber was ist, wenn er schwitzt, fragt Franco? »Darf er halt nicht schwitzen«, sagt Mauro, »er bewegt sich ja eh kaum auf dem Platz.« Gabriel ist es zu heiß, er will ohne T-Shirt spielen, gehört aber eigentlich zu den Dunklen. »Aber meine Haut ist doch dunkel!«, sagt er. Colo bittet ihn, das T-Shirt wieder anzuziehen, sonst komme alles durcheinander.

Kurzum, Fußballspielen mit Argentiniern, das ist das komplizierteste, verregeltste, diskutierteste Chaos, das man sich nur vorstellen kann.

Es werden Pässe geschlagen, Finten gelaufen; rechts angetäuscht, links vorbei, dann am besten noch ein Dribbling; der freie Mann rechts schreit um den Ball – doch schon hat sich der Stürmer mit Ball, Bein und Gegner verknotet, die anderen haben den Ball.

»Wie steht's? Wir eins vorne, oder?«, fragt Franco. »Volldepp, es steht unentschieden!«, ruft Colo. Man einigt sich auf unentschieden, aber irgendwie ist es auch egal. Und ob es nun gerade 8:8 steht oder 16:16, das wüsste eh niemand zu sagen.

Alle paar Minuten rumpelt ein Zug vorbei, vom Río de la Plata geht eine kühle Brise über den Platz, nach dem schwülen Märztag ist sie hochwillkommen. Es ist einer der ersten Montagskicks in diesem Jahr, die einen waren im Januar am Strand, die anderen im Februar – so richtig in Form ist noch keiner.

Der Gast aus Deutschland ist kein guter Fußballspieler, war es nie und wird es nie werden, er ist mit Abstand der schlechteste Mann auf dem Platz.

Er besinnt sich auf seine Tugenden, deutsche Tugenden: viel laufen, Mann decken, den Ball – so er in dessen Besitz kommt – so schnell wie möglich wieder abspielen zum freien Mann. Auch mal brav ins Tor gehen und halten, denn das will ja sonst keiner. Und dennoch bekommt er heute bei jedem Ballkontakt Anfeuerungsrufe von seinen Mitspielern: »Gut gemacht, Glatzkopf!« »Auf geht's, Panzer! Beim nächsten Mal klappt's!« »Schade, wär super gewesen!« Solche Sachen sagen sie ihm.

Es ist seine letzte Montagspartie hier, er hat zwei Jahre lang mit den Jungs gespielt. Hat gelernt, dass man hier nicht so hart einsteigt wie auf deutschen Bolzplätzen. Hat gelernt, dass Distanzschüsse nicht wirklich zählen in einem Land, das einen Diego Maradona hervorgebracht hat. Er hat begriffen, dass Schreiereien und kleine Rangeleien auf dem Platz etwas ganz Normales sind, dass man sich danach einen Klaps auf den Po gibt und spätestens beim Bier danach wieder alle mit allen allerbeste Freunde sind. Hin und wieder hat der Fußballgott ihm den Ball vor die Beine und die wiederum vor das leere Tor geschickt, und dann und wann hat er den Ball sogar im Netz untergebracht.

Alle wissen, dass er heute zum letzten Mal hier spielen wird und dann lange nicht mehr. Seine Mitspieler lassen ihn heute nicht auswechseln, sie lassen ihn nicht ins Tor, sie lassen ihn nicht ins Mittelfeld: Es soll heute sein Abend sein; er soll von Anfang bis Ende im Sturm stehen und so viele Tore schießen, wie es nur irgendwie geht. Sie spielen ihm die Bälle nur so zu: auf den Kopf und in die Beine, auf den rechten und auf den linken Fuß. Jede Flanke landet bei ihm. Und ja, er macht ein Tor und dann noch eines, und alle jubeln, wie Kinder.

Er wundert sich, dass er heute so einen Lauf hat, dass er besser an den Gegnern vorbeikommt als sonst. Kann es sein, fragt er sich einen Moment lang, dass sie ihm Tore schenken wollen, dass sie ihn begünstigen wollen, als Abschiedsgeschenk? Nein, kann ja gar nicht sein! Das wäre ja komplett gegen die Ehre des Mannes, des Argentiniers, des Fußballers.

Es ist halb zwölf, die Nachfolgemannschaft wartet schon, der Platzwart pfeift ab und sammelt seine Pesos ein. Man hüpft unter die Dusche, der eine hat Seife, der andere Deo, die Wasserflasche macht die Runde. »Was für eine Partie«, sagt Agustín. »Ich fand's letzte Woche besser«, meint Mauro. »Quatsch, die Woche vorher, erinnert ihr euch daran, das war eine Rie-sen-par-tie!«, sagt Guillermo.

Daniel ruft in der Parilla an, er bestellt für halb eins zwei Grillplatten – »como siempre«, wie immer.

Die Woche hat gut angefangen. Und nächsten Montag wird wieder gespielt. Wahrscheinlich ab 22 Uhr. Wahrscheinlich im Barrio Parque. Wahrscheinlich Fußball.

Argentinien im Jahr 2050

Die Ananaszüchter in Patagonien sind in den Streik getreten – die Regierung der Vereinigten Bolivarianischen Staaten hat ihnen nicht genügend Wasser zugeteilt. Weiter im Norden, in jenem Gebiet, das frühere Generationen noch als die Pampa kannten, ist der *día de la vaca* ausgerufen worden, der »Tag der Kuh«. In Erinnerung an die Rinder, die einst die riesigen Grasmeere hier bevölkert haben. Heutzutage sind hier nur noch Sojafarmer tätig.

Die letzten Rinderzüchter sind im Jahre 2030 auf die Malvinas ausgewandert, nachdem das im Hochwasser versinkende Königreich Großbritannien die Inseln, die es als »Falkland-Inseln« kannte, zum symbolischen Preis von einem Bolívar an die Vereinigten Bolivarianischen Staaten Südamerikas verkauft hatten.

Diego Maradona hat, nachdem er als Trainer der argentinischen Nationalmannschaft drei WM-Titel geholt, dann als Wirtschaftsminister die Inflation auf ein Prozent gesenkt und schließlich mit einem Spielfilm über Evita den Oscar gewonnen hatte, diesen Deal diplomatisch vorbereitet.

Bei der Verleihung des Friedensnobelpreises 2043 erlag Maradona einer Überdosis an Mate-Aufputschtabletten, sein Tod führte zu einer anderthalbjährigen Staatstrauer. Zwei Jahre nach dem Begräbnis allerdings konnten ihn Forscher aus dem Zentralen Sicherheitslabor der Vereinigten Bolivarianischen Staaten aus eingefrorenen Organproben und mit neuen Klon-Methoden wiederauferstehen lassen.

Seitdem ist Maradona Staatspräsident, Spielmacher der argentinischen Nationalmannschaft und Vorsitzender des nationalen Schriftstellerverbandes, denn die Wissenschaftler hatten Maradona gleich dreifach wiederauferstehen lassen. Valeria Pesqueira und Martín Churba, die die zwei wichtigsten argentinischen Modelabels betreiben, haben dieser Tage fusioniert, nachdem sie vergangenes Jahr die beiden Modeketten Gap und H&M übernommen hatten. PesqueiraChurba ist somit die einzige Modemarke, die auf allen sieben Kontinenten vertreten ist, in diesen Tagen soll der 5000. Megastore alleine in Indien eröffnet werden.

Coca-Cola ist seit den späten Dreißigerjahren des 21. Jahrhunderts in argentinischer Hand, die Firma ist mittlerweile unangefochtener Weltmarktführer im Trockenmate-Segment. *Dulce de leche* ist inzwischen auch in Europa auf dem Vormarsch. Und den letzten offiziellen Statistiken zufolge tanzt jeder zweite der 1,8 Milliarden Chinesen mehr als dreimal die Woche Tango.

Zum Lesen und Schauen

(Diese Liste ist völlig subjektiv und – abgesehen von der alphabetischen Anordnung – unsystematisch. Sie beinhaltet Bücher und Filme, die mir besonders wichtig waren, um Argentinien zu verstehen, und die ich besonders gerne gelesen oder gesehen habe. Ohne sie gäbe es dieses Buch so nicht, empfehlen kann ich sie alle. C. Th.)

Literatur

César Aira: *La villa.* Buenos Aires 2001.

Alan Beattie: *False Economy. A Surprising Economic History of the World.* New York 2009.

Enrique und Roberto Bein: *Gott ist kein Argentinier mehr. Die Krise Argentiniens.* Wien 2004.

Jorge Luis Borges: *Fiktionen.* Frankfurt 1994.

Michael Casey: *Che's Afterlife. The Legacy of an Image.* New York 2009.

Bruce Chatwin: *In Patagonien.* Reinbek bei Hamburg 2006.

Julio Cortázar: *Geschichten der Cronopien und Famen.* Frankfurt 1999.

Victoria Donda: *Mein Name ist Victoria. Verschleppt von der Militärjunta – ein argentinisches Familienschicksal.* München 2010.

Marcelo Figueras: *Kamtschatka.* München 2006.

Roberto di Giano: *Fútbol y cultura política en la Argentina. Identidades en crisis.* Buenos Aires 2005.

Witold Gombrowicz: *Diario Argentino.* Buenos Aires 2001.

Uki Goñi: *Odessa. Die wahre Geschichte. Fluchthilfe für NS-Kriegsverbrecher.* Berlin 2006.

Gerd Koenen: *Traumpfade der Weltrevolution. Das Guevara-Projekt.* Köln 2008.

Martín Kohan: *Zwei Mal Juni.* Frankfurt 2009.

Christoph Kuhn: *Wo der Süden im Norden liegt. Streifzüge durch das moderne Argentinien.* Zürich 2007.

Jorge Lanata: *Argentinos.* Buenos Aires 2003.

Daniel K. Lewis: *The History of Argentina.* New York 2003.

María Rosa Lojo: *Cuerpos resplandecientes. Santos populares argentinos.* Buenos Aires 2007.

Julio Mafud: *Psicología de la Viveza Criolla.* Buenos Aires 1965.

Ingo Malcher: *Tango Argentino. Porträt eines Landes.* München 2008.

Ernesto Mallo: *Der Tote von der Plaza Once.* Berlin 2010.

Guillermo Martínez: *Der langsame Tod der Luciana B.* Frankfurt 2008.

Tomás Eloy Martínez: *Santa Evita.* Frankfurt 1997.

Tomás Eloy Martínez: *El vuelo de la reina.* Buenos Aires 2002.

James W. McGuire: *Peronism without Perón: Unions, Parties and Democracy in Argentina.* Stanford 1997.

Reinhold Messner: *Torre. Schrei aus Stein.* München 2009.

Wolfgang Muno: *Reformpolitik in jungen Demokratien. Veto-*

spieler, Politikblockaden und Reformen in Argentinien, Uruguay und Thailand im Vergleich. Wiesbaden 2005.

Felipe Pigna: *Los mitos de la historia argentina. La construcción de un pasado como justificación del presente.* Buenos Aires 2004.

Juan José Saer: *El río sin orillas.* Buenos Aires 1991.

Heinz Peter Schwerfel: *Buenos Aires intensiv. Tango urbano – Stadt im Aufbruch.* Köln 2008.

Juan José Sebreli: *Comediantes y mártires. Ensayo contra los mitos.* Buenos Aires 2009.

Maristella Svampa: *Cambio de época. Movimientos sociales y poder político.* Buenos Aires 2008.

Torcuato S. Di Tella: *Latin American Politics. A theoretical approach.* Austin 2001.

Bernd Wulffen: *Deutsche Spuren in Argentinien.* Berlin 2010.

Filme

Tristán Bauer: *Iluminados por el fuego* (2005)

Fabián Bielinsky: *Nueve reinas* (2000)

Daniel Burman: *El abrazo partido* (2004)

Daniel Burman: *Derecho de Familia* (2006)

Adrián Caetano: *Bolívia* (2001)

Adrián Caetano: *Crónica de una fuga* (2006)

Juan José Campanella: *El Hijo de la Novia* (2001)

Juan José Campanella: *Luna de Avellaneda* (2004)

Juan José Campanella: *El secreto de sus ojos* (2009)

Marcos Carnevale: *Elsa y Fred* (2005)

Carlos Echevarria: *Pacto de silencio* (2005)

Jorge Gaggero: *Cama adentro* (2004)

Héctor Olivera: *La noche de los lápices* (1986)

Ulises de la Orden: *Río Arriba* (2006)

Marcelo Piñeyro: *Kamchatka* (2002)

Marcelo Piñeyro: *Fuerza aérea sociedad anónima* (2006)
Luis Puenzo: *La historia oficial* (1984)
Martín Rejtman: *Los guantes mágicos* (2003)
Walter Salles: *Diarios de motocicleta* (2003)
Pino Solanas: *Memoria del Saqueo* (2004)
Carlos Sorín: *Historias Mínimas* (2002)
Pablo Trapero: *Leonera* (2008)

Dank

Mein Dank geht an Dan, Emmanuelle, Bettina Feldweg, Konsülchen Felix, die *Futbolistas de los Lunes*, die *Grupo de los Jueves*, Inda, Janina, Mati und Fer, Ralf und Valeria. Mein Dank geht an die *kiosqueros* von Buenos Aires und die *taxistas*. Und mein Dank geht an meine Eltern, die mich gelehrt haben, die Augen offen zu halten in der Welt – und an meine Schwestern, die mir beigebracht haben, wie man sie bereist.

Bereits erschienen:
Gebrauchsanweisung für ...

Alaska
von Dirk Rohrbach

Amerika
von Paul Watzlawick

Amsterdam
von Siggi Weidemann

Andalusien
von Paul Ingendaay

Argentinien
von Christian Thiele

das Baltikum
von Sabine Herre

Barcelona
von Merten Worthmann

Bayern
von Bruno Jonas

Berlin
von Jakob Hein

Brasilien
von Peter Burghardt

die Bretagne
von Jochen Schmidt

Brüssel und Flandern
von Siggi Weidemann

Budapest und Ungarn
von Viktor Iro

Burgenland
**von Andreas Weinek
und Martin Weinek**

Burma / Myanmar
von Martin Schacht

China
von Kai Strittmatter

Deutschland
von Wolfgang Koydl

Dresden
von Christine von Brühl

Düsseldorf
von Harald Hordych

die Eifel
von Jacques Berndorf

das Elsaß
von Rainer Stephan

England
von Heinz Ohff

Finnland
von Roman Schatz

Frankfurt am Main
von Constanze Kleis

Frankreich
von Johannes Willms

den Gardasee
von Rainer Stephan

Griechenland
von Martin Pristl

Hamburg
von Stefan Beuse

den Harz
von Jana Thiele

Indien
von Ilija Trojanow

Irland
von Ralf Sotscheck

Island
von Kristof Magnusson

01/0009/12/R

Istanbul
von Kai Strittmatter

Italien
von Henning Klüver

Japan
von Andreas Neuenkirchen

Kalifornien
von Heinrich Wefing

Kapstadt und Südafrika
von Elke Naters und Sven Lager

Katalonien
von Michael Ebmeyer

Kathmandu und Nepal
von Christian Kracht
und Eckhart Nickel

Köln
von Reinhold Neven Du Mont

Korsika
von Jenny Hoch

Kroatien
von Jagoda Marinić

Leipzig
von Bernd-Lutz Lange

London
von Ronald Reng

Los Angeles
von Rainer Strecker

Mallorca
von Wolfram Bickerich

Mecklenburg-
Vorpommern und
die Ostseebäder
von Ariane Grundies

Moskau
von Matthias Schepp

München
von Thomas Grasberger

das Münchner
Oktoberfest
von Bruno Jonas

Münster und
das Münsterland
von Jürgen Kehrer

Neapel und die
Amalfi-Küste
von Maria Carmen Morese

Neuseeland
von Joscha Remus

New York
von Verena Lueken

Niederbayern
von Teja Fiedler

Nizza und
die Côte d'Azur
von Jens Rosteck

Norwegen
von Ebba D. Drolshagen

Österreich
von Heinrich Steinfest

Paris
von Stephen Clarke

Peking und Shanghai
von Adrian Geiges

Polen
von Radek Knapp

Portugal
von Eckhart Nickel

01/0010/12/L

Potsdam und
Brandenburg
von Antje Rávic Strubel

Rom
von Birgit Schönau

Rügen und Hiddensee
von Holger Teschke

das Ruhrgebiet
von Peter Erik Hillenbach

Rumänien
von Jochen Schmidt

Salzburg und
das Salzburger Land
von Adrian Seidelbast

Sardinien
von Henning Klüver

Schottland
von Heinz Ohff

Schwaben
von Anton Hunger

den Schwarzwald
von Jens Schäfer

Schweden
von Antje Rávic Strubel

die Schweiz
von Thomas Küng

Sizilien
von Constanze Neumann

Spanien
von Paul Ingendaay

Stuttgart
von Elisabeth Kabatek

Südfrankreich
von Birgit Vanderbeke

Südtirol
von Reinhold Messner

Sylt
von Silke von Bremen

Thailand
von Martin Schacht

Tibet
von Uli Franz

die Toskana
von Barbara Bronnen

Tschechien und Prag
von Jiří Gruša

die Türkei
von Iris Alanyali

Umbrien
von Patricia Clough

die USA
von Adriano Sack

den Vatikan
von Rainer Stephan

Venedig mit Palladio und
den Brenta-Villen
von Dorette Deutsch

Vietnam, Laos
und Kambodscha
von Benjamin Prüfer

Washington
**von Tom Buhrow
und Sabine Stamer**

die Welt
von Andreas Altmann

Wien
von Monika Czernin

01/0011/12/R

PIPER

Adriano Sack
Gebrauchsanweisung für die USA

240 Seiten. Gebunden

Adriano Sack nimmt uns mit zu den Orten, an denen Sie gewesen sein sollten, um die USA zu begreifen. Er weiß, wo Tellerwäscher oder T-Shirt-Macher noch zu Millionären werden. Wieso Gott in den USA einen Rolls-Royce fährt. Wen 60 Prozent der Amerikaner in Wirklichkeit gern als Präsidentin sähen – und auf wen sie richtig stolz sind. Warum in dem Land, in dem Fast Food erfunden wurde, vor Biosupermärkten lange Schlangen stehen. Wie man drei Tage, drei Monate oder auch 30 Jahre in den USA überlebt – vom Einreiseformular über Restaurantquittungen bis zur Social-Security-Number. Worauf Sie beim Flirten in Santa Monica, beim Skifahren in Colorado und beim Whale Watching vor Cape Cod achten sollten. Und warum auch hinter einem künstlichen Busen ein echtes Herz schlagen kann. Ob Sie von Kriegsveteranen das Schießen lernen, in NY auf Wohnungssuche gehen oder einem Superstar in L. A. den Restauranttisch wegschnappen: Die USA sind ein Land des unbegrenzten Wahnsinns. Adriano Sack verrät, wie man es lieben lernt.

01/1715/02/R

PIPER

Paul Ingendaay
Gebrauchsanweisung für Spanien

224 Seiten mit einer Karte. Gebunden

Eigentlich besteht Spanien aus vielen verschiedenen Spanien.
Es spricht vier Sprachen, besitzt ungezählte Mentalitäten,
liebt seine alte Schönheit und feiert die Moderne. Spanien ist
unbegreiflich und kann nur über seine Geschichten erklärt
werden: Sie handeln von Großzügigkeit und dunklen Erinnerungen, von Fußballlegenden und spanischen Brücken-
tagen. Und natürlich muss auch von Stierkämpfen die Rede
sein, vom Erbe der Franco-Zeit und spanischen Persönlich-
keiten, von großen Malern und kleinen Tapas. Ebenso wie
Paul Ingendaay werden Sie verzaubert sein von einem Spanien, das anders ist als das, was wir immer für Spanisch gehalten haben.

01/1059/03/R

PIPER

Michael Ebmeyer
Gebrauchsanweisung für Katalonien

192 Seiten. Gebunden

Katalonien ist berühmt: für Dalí und Miró, für die Häuser von Gaudí, die Krimis von Montalbán und die Schwarze Madonna von Montserrat. Für kleine Gießkannen, aus denen man Wein trinkt, für zehnstöckige Menschenpyramiden und eine unerschöpfliche Fülle seltsamer Anekdoten. Für sein Unabhängigkeitsstreben, für die katalanische Sprache und für den Widerstand gegen Franco. Für die Costa Brava und die Pyrenäen, für zauberhafte Küstenorte und bizarre Felsmassive – und natürlich für Barcelona, das verspielte Fabelwesen unter den europäischen Metropolen. In Katalonien wurden die Espadrilles und die Crème Brûlée erfunden; hier hat der Welttag des Buches seinen Ursprung und eine köstliche Salami namens »Peitsche« ihre Heimat. Einst ein eigener mächtiger Mittelmeerstaat, dann zwischen Spanien und Frankreich aufgeteilt, ist das nordöstlichste Dreieck der Iberischen Halbinsel ein besonders saftiges, aber schwer durchschaubares Stück vom Paradies. Dieses Buch führt Sie mitten hinein.

01/1632/01/R